KB236452

질문하는 행복

질문하는 행복

김석년 지음

샘솟는기쁨

이제 행복의 노래를
부르리라

행복을 찾아 참으로 먼 길을 돌아왔습니다. 지독히 가난하고 병약했던 청년 시절에는 무척이나 성공하고 싶었습니다. 성공하면 행복할 것이라고 생각했습니다.

그래서 '소명'이라는 미명 아래 교회를 개척하고 열심히 목회해서 나름 그럴듯한 교회를 이루었습니다.

드디어 사람들은 저를 보며 '성공'했다고 말했습니다. 그러나 문제는 제 스스로 그렇지 않다는 것이었습니다. 남들은 그만하면 성공했다고 이야기하는데 정작 저는 행복하지 않았습니다.

아니, 도리어 불만이었습니다. 제가 생각하는 성공의 수준에 미치지 못했고, 여전히 세상에는 훨씬 더 목회를 잘하는 이들이 있었기 때문입니다.

시도 때도 없이 솟아오르는 비교의식으로 인해 열등감과

우월감에 시달리며 속상해야 했습니다. 불안했고 초조했습니다. 더욱 큰 문제는 시간이 지날수록 이것을 제 안에만 감추어 둘 수 없었다는 것입니다.

어느 날부터인가 아무리 열심히 살려고 해도 더 이상 달릴 수가 없었습니다. 겉으로는 아무 일 없는 듯 온 힘을 다해 보았지만 내면은 깊은 터널처럼 끝없이 공허하고 어두웠습니다. 이대로 계속 나아가야 하는지, 아니면 모든 걸 내려놓고 그만두어야 하는지 고민했습니다.

그러면서 드는 생각은 '도대체 어떻게 해야 행복할 수 있는가'였습니다. 세상의 흔한 행복론이 아니라 진정한 인생 행복이 어디에서 오며 그 조건은 무엇인지 스스로 묻고, 따져보기 시작한 것입니다.

그렇게 행복을 찾아가다가 회갑(回甲)을 훌쩍 넘긴 어느 날부터 이렇게 말할 수 있게 되었습니다.

"아, 편안하고 넉넉하다. 이토록 행복하고 충만하다니. 나야말로 이 세상에서 가장 큰 복을 받은 사람이었구나!"

이 행복감은 도대체 어디서 오게 되었는지 스스로에게 물어봅니다. 깊이 생각해 보아도 이 세 가지 이유 외에 다른 연유를 찾을 수 없었습니다.

첫째로 '떠남'을 통한 나만의 사명 발견입니다.

아무리 열심히 해도 안 된다는 불만과 불안 속에서 이대로 더 이상 목회할 수 없다는 절박함을 가지고 안식년의 짧고도 먼 길을 떠났습니다. 이상하게 길을 떠나니 그동안 보이지 않던 것이 보이기 시작했습니다.

나만의 부르심이었습니다. 누구나 할 수 없는, 오직 나만이 해야 하고, 나만이 이룰 수 있는 인생관과 교회관을 발견한 것입니다.

이로 인해 그 누구와 비교하지 않고 '천천히' '꾸준히' '즐기면서' 나만의 부르심의 길을 갈 수 있게 되었습니다.

"자기 길을 걷는 자는 그 누구로부터 추월당하지 않는다."

둘째로 '비움'을 통한 십자가의 발견입니다.

제 인생에서 가장 중요하다고 생각하던 목회와 교회를 내려놓고 방황하다가 어느 교회를 방문하게 되었습니다.

교회의 예배당에 들어서는 순간, 전율하듯 십자가에 붙잡히게 되었습니다. 하염없이 눈물을 흘렸습니다. 십자가가 제 안에 새롭게 자리잡았습니다.

제가 죽을 수밖에 없는 죄인인데 은혜로 살고 있음을 알았습니다(대속의 십자가). 제가 이미 십자가와 함께 죽었는데

 ● 질문하는 행복

그것을 인정하지 않아 그동안 괴로웠음을 알았습니다(자아죽음의 십자가). 이제 제 안에 십자가와 부활의 주님이 살아계심을 알았습니다(임마누엘의 십자가).

이렇듯 새롭게 십자가를 자각하고 느끼는 순간, 세상 무엇도 부럽지 않는 충만감으로 가득 차게 되었습니다.

"행복은 성공이 아니다. 소유도 아니다. 자아성취도 아니다. 행복은 십자가로부터다."

셋째로 '묵상'을 통한 시편 23편의 재발견입니다.

성경을 묵상하다가 그야말로 섬광처럼 시편 23편이 제 안에 들어왔습니다. 처음에는 놀라운 환희였습니다. 그러나 곧 질문이 이어졌습니다.

이 시편의 저자로 알려진 다윗의 일생은 행복과는 거리가 멀었습니다. 도리어 고난과 고통의 연속이었습니다. 그럼에도 그는 부족함이 없다며 행복하다고 노래합니다.

"내게 부족함이 없으리로다!"

"내 잔이 넘치나이다!"

이 넘치는 행복의 비결이 무엇인지 궁금했습니다. 그 신비를 배우고 싶었습니다. 그 충분함, 그 넉넉함, 그 충만감을 누리고 싶었습니다. 그래서 읽고, 읽고, 또 다시 읽었습니다. 그러면서 깨닫고 터득하게 된 사실은 이것입니다.

"시편 23편은 무한한 행복의 보고이자 이 세상 가장 완벽한 행복의 교본이다."

그리하여 결코 잃어버리거나 빼앗기지 않는 그 충만한 행복의 은혜를 나누고 싶어 이 책을 세상에 내놓게 되었습니다.

세상에는 두 부류의 크리스천이 있습니다. '눈 안 뜨인' 크리스천과 '눈 뜨인' 크리스천입니다. 엠마오로 가던 두 제자는 처음에 눈이 뜨이지 않아서 동행하시는 예수님을 알아보지 못하고 슬픔과 좌절에 잠겨 길을 걸었습니다.

그러나 주님이 베푸시는 식탁에 참여한 후에 그들의 눈이 열려 부활하신 주님을 보고 감격하여 환희에 찬 행복의 노래를 부르기 시작했습니다.

당신은 어떤가요? 이 책을 통해 부디 당신의 눈도 뜨이길 소망합니다. 그 눈이 열려 일상에서 함께 하시는 목자 되신 주님과의 동행이 시작되길 축복합니다. 그래서 어떤 상황, 어떤 환경에서도 다윗과 같이 오직 주님만으로 인한 행복의 노래를 부를 수 있게 된다면 저는 여한이 없겠습니다.

이 책이 나오기까지 많은 도움을 준 믿음의 동역자 강영란 대표와 이진호 이사, 박관용 전도사, 그리고 무엇보다 서초교우 여러분께 진심으로 감사를 드립니다.

2017년 6월 15일
김석년

차례

시편 23편

여호와는 나의 목자시니

내게 부족함이 없으리로다

그가 나를 푸른 풀밭에 누이시며

쉴 만한 물가로 인도하시는도다

내 영혼을 소생시키시고

자기 이름을 위하여 의의 길로 인도하시는도다

내가 사망의 음침한 골짜기로 다닐지라도

해를 두려워하지 않을 것은 주께서 나와 함께 하심이라

주의 지팡이와 막대기가 나를 안위하시나이다

주께서 내 원수의 목전에서 내게 상을 차려 주시고

기름을 내 머리에 부으셨으니 내 잔이 넘치나이다

내 평생에 선하심과 인자하심이 반드시 나를 따르리니

내가 여호와의 집에 영원히 살리로다

1

선한 목자를
만나셨습니까?

01

목자, 나의 모든 것이 되시다

"여호와는 나의 목자시니"

끝없는 복음의 푸른 풀밭으로

퇴근 길 도시 한복판, 꽉 막힌 도로 위에 갇힌 경험이 있는 사람이라면 누구나 한번쯤 떠올렸을 듯한 생각이 있습니다.

'아, 한적한 시골에서 살고 싶다.'

물론 시골이라고 다 한적한 것이 아니고, 막상 생활하다 보면 불편한 점이 한두 가지가 아닙니다. 더욱이 그곳에도 나름의 지난한 생활이 우리를 기다리고 있겠지요.

그럼에도 우리 마음 한편에는 언제나 분주한 일상을 벗어나 푸른 풀밭과 맑은 시내가 있는 평안하고 여유로운 삶을 살고 싶어하는 갈망이 있습니다. 도시의 빼곡한 빌딩 숲을 벗어나 사방으로 드넓게 펼쳐진 대지와 하늘을 마주하게 되면 우리의 마음은 한결 가볍고 평안해집니다. 그래서 사람들은 산으로 들로 나아가 휴식과 회복의 시간을 갖고, 다시 일상으로 돌아오는 것입니다.

오늘의 크리스천 역시 푸른 풀밭, 맑은 시내가 필요한 이들처럼 보입니다. 바쁘고 분주한 일상에 더해 신앙생활까지 해야 하니 말입니다.

그런 의미에서 시편 23편은 우리 크리스천에게 끝없이 펼쳐진 푸른 풀밭이며 맑은 시내 같습니다.

모든 하나님의 말씀이 심오하지만 그중에서도 특히 이 시편은 높은 태산처럼, 깊은 광맥처럼, 끝없이 펼쳐진 원시림처럼 들어가면 갈수록 진한 은혜를 더하는 '신비함'이 있기 때문입니다.

이런 오묘한 은혜를 맛보기 위해서는 먼저 우리에게 하나님의 영, 성령의 감화가 필요합니다. 겸손히 주의 영의 도우심을 구해야 합니다.

성경은 "하나님의 감동으로 쓰여진 것"(딤후 3:16)이기에 성령의 빛으로 조명받지 않으면 제아무리 성경을 읽어도 그 의미를 알 수 없고, 들어도 깨달을 수 없습니다.

무엇보다 이 시편 23편의 한 절 한 절을 읽어가면서 당신의 선한 목자를 만나야 합니다. 온전히 그분에게 이끌려 끝없이 펼쳐진 복음의 푸른 풀밭으로 들어가야 합니다.

성령께서 우리를 복음의 푸른 풀밭, 맑은 시냇가로 인도해 주시기를 기대합니다. 그곳에서 하나님의 선하심을 맛보아 만족하고, 기뻐하고, 충만해지는 은혜가 있기를 원합니다.

"너희는 여호와의 선하심을 맛보아 알지어다 그에게 피하는 자는 복이 있도다 너희 성도들아 여호와를 경외하라 그를 경외하는 자에게는 부족함이 없도다 젊은 사자는 궁핍하여 주릴지라도 여호와를 찾는 자는 모든 좋은 것에 부족함이 없으리로다"(시 34:8-10)

전능과 언약의 하나님, 여호와

시편 23편은 다윗의 신앙고백으로 시작합니다.

"여호와는 나의 목자시니"(1절)

이 다윗의 고백은 시편 23편의 제목이며 핵심 주제라고 할 수 있습니다.

여호와, 무슨 뜻일까요? 출애굽기 3장 14절을 보면 여호와는 '스스로 있는 자'(I Am that I Am)라는 뜻을 가지고 있습니다. 특히 우리 크리스천에게 '여호와'는 두 가지 의미를 지닙니다.

하나, 전능의 하나님입니다.

하나님께서는 자신을 "스스로 있는 자"라고 말씀하셨습니다. 세상에 자신과 비교할 것이 없어 "나는 곧 나이다"라고 말씀하신 것입니다.

여호와, 그분은 누구에게도 의존하지 않으시고, 영원부터 영원까지 스스로 존재하시는 하나님이십니다. 여호와, 그분은 온 우주만물을 창조하시고, 이 세상 역사를 주관하시고, 또 다스리시는 전능하신 하나님이십니다.

둘, 언약의 하나님입니다.

여호와는 일찍이 믿음의 조상이라고 불렸던 아브라함, 이삭, 야곱, 심지어 요셉에게조차 계시되지 않은 이름이었습니다. 여기에서 계시란 '감추인 것이 드러나는 것'을 의미합니다. 즉 이 이름은 본래 누구도 알 수 없었고, 누구도 함부로 부를 수 없었던 거룩한 이름입니다.

그러나 하나님께서는 믿음의 조상들과 세웠던 언약을 기억하시며, 또 이스라엘 백성의 탄생을 목전에 두고 그들과 새로운 언약을 맺기 위하여 친히 자신의 이름을 계시하셨습니다.

이처럼 여호와는 언약 관계를 맺은 자들을 위해 끝까지 함께 하시고, 책임지시고, 보살피시고, 인도하시는 신실하신 하나님이십니다(레 26:44-45).

 ● 질문하는 행복

사실 우리가 절대적인 신앙을 갖기 위해서는 반드시 위의 두 가지 사실이 전제되어야 합니다. 만일 하나님이 전능하시지 않다면 우리는 그를 신앙할 수도, 신앙할 이유도 없습니다. 인생의 모든 문제를 해결할 수 있는 절대 능력자이기에 우리가 하나님을 온전히 신앙하는 것입니다.

또한 하나님과 언약 관계가 아니라면 아무리 그분이 전능하다고 할지라도 나와는 아무 상관없는 일이 되고 맙니다. 언약으로 하나님과 바른 관계가 맺어질 때 비로소 그 전능으로 모든 일에 우리와 함께 하시는 것입니다.

그러므로 우리가 가진 기독교 신앙의 절대성은 바로 '여호와'에서 근거한다고 말할 수 있습니다. 여호와, 곧 전능과 언약의 하나님으로 인하여 타종교와는 구별되는 기독교 신앙이 성립되는 것입니다.

"나 여호와가 의로 너를 불렀은즉 내가 네 손을 잡아 너를 보호하며 너를 세워 백성의 언약과 이방의 빛이 되게 하리니"(사 42:6)

여호와를 목자 삼은 자

놀랍게도 다윗은 이 여호와 하나님을 '나의 목자'(my shepherd)

라고 고백합니다. 여호와, 곧 전능하신 언약의 하나님을 향해 자신을 돌보시고, 친히 인도하시는 목자라고 선언한 것입니다.

당대 왕으로서 대단한 권력과 힘을 가졌던 그가 하나님께 자신의 삶을 내어드리고, 그분의 양이라고 고백하는 이유는 무엇일까요? 바로 여호와 하나님을 나의 목자로 삼는 자만이 누릴 수 있는 신비한 은혜를 알았기 때문입니다.

독일 어느 대학에 라틴어를 가르치던 노 교수님이 계셨습니다. 교수님은 라틴어뿐만 아니라 구사하는 언어가 족히 10가지나 되었고, 그중에 히브리어가 유창하다는 사실에 모두 놀라지 않을 수 없었습니다.

하루는 제자가 교수님에게 어떤 연유로 히브리어를 공부하게 되었는지를 물었습니다. 그러자 교수님은 40여 년 전, 세계대전 때 있었던 사연을 들려주었습니다.

교수님은 유대인 친구와 함께 기숙사에 살게 되었는데 그 친구에게는 이상한 버릇이 하나 있었다고 합니다. 바로 혼자서 중얼중얼하며 이상한 시(詩) 같은 것을 외웠지요.

"아도나이 로이 로 에흐사르…"(Adonay roi lo ´ehsar…)

히브리어로 낭송하는 시를 교수님이 알아들을 리 없었습

니다. 그저 하나의 음악처럼 리듬을 타며 암송되던 그 시가 신기할 따름이었지요.

그래서 무엇을 암송하느냐고 물었더니 친구가 대답하길, 바로 구약성경에 있는 다윗의 유명한 시, 시편 23편이라고 말했습니다. 그는 이 시편을 히브리어로 외우고 나면 마음이 상쾌해져 공부가 잘된다는 말도 덧붙였지요.

그날부터 교수님도 친구에게 그 시를 배워서 암송하기 시작했습니다. 그렇게 2년을 함께 보내는 동안, 그들은 공부하며 지치고 힘들 때마다 서로 약속이라도 한 것처럼 시편 23편을 히브리어로 암송하며 힘을 얻곤 했습니다.

불행은 어느 날 갑자기 찾아왔습니다. 유대인 박해가 본격적으로 시작된 것입니다. 나치의 핍박은 점점 거세졌고, 유대인인 친구는 결국 학교를 그만두고 은신처에 숨어 있게 되었습니다.

그러던 중 친구로부터 급한 연락이 왔습니다. 지금 나치 비밀경찰들이 들이닥쳤으며 자신은 가스실로 끌려가게 될 것 같다는 충격적인 소식이었습니다.

교수님은 급히 자전거를 타고 친구에게 달려갔으나 이미 너무 늦었습니다. 친구와 그 가족들이 나치의 트럭에 실려 어디론가 끌려가고 있었습니다.

교수님은 친구의 마지막 얼굴이라도 보기 위해 미친 듯이 페달을 밟았습니다. 그렇게 눈물범벅이 되어 따라가고 있는데 트럭 옆의 가려진 포장을 들치고 친구가 고개를 내밀었습니다. 그런데 뜻밖에 친구는 싱긋 웃고 있었습니다. 그리고 갑자기 소리 높여 무언가를 외치기 시작했습니다.

"여호와는 나의 목자시니…."

죽음의 가스실로 끌려가는 친구가 미소 띤 얼굴로 외친 것은 바로 시편 23편이었습니다. 친구는 평소와 다름없이 평온한 모습으로 시편을 암송하고 있었습니다.

비록 사망의 음침한 수용소로 끌려가지만 친구에게는 목자 되신 여호와 하나님이 주시는 평안이 있었던 것입니다.

그렇게 친구는 교수님을 떠나갔습니다.

시간이 흘러 교수님도 군대에 징집되는 것을 피할 수 없었고, 결국 러시아 지역으로 파병되었다가 포로로 잡혀 다른 전쟁포로들과 같이 총살당할 위기에 처하게 되었습니다.

사형장으로 끌려가는 젊은 포로들은 죽음의 대열에 끼여 걸으면서 하나같이 공포에 울부짖었습니다. 오만가지 생각이 교차하는 그때 교수님의 머릿속에는 갑자기 가스실로 끌려가던 친구의 얼굴이 떠올랐습니다.

'그래, 나도 친구처럼 웃으며 담담하게 죽음을 맞이해야지.'

동료들이 하나, 둘, 총탄에 쓰러지고, 드디어 교수님의 차례가 다가왔습니다. 교수님은 그 자리에 서서 총을 겨눈 군인에게 마지막으로 하고 싶은 말이 있다고 했습니다.

허락을 받은 교수님은 잠시 눈을 감았습니다. 그리고 사랑하는 친구가 죽음의 길을 떠나며 외쳤던 시편 23편을 조용히 소리 내어 암송하기 시작했습니다.

"여호와는 나의 목자시니…."

그러자 연합군의 장교가 갑자기 자리를 박차고 벌떡 일어났습니다. 그리고는 목소리를 높여 교수님과 함께 시편 23편을 외웠던 것입니다. 그것도 히브리어로 말입니다.

어느새 교수님의 눈에서도, 유대인이었던 연합군 장교의 눈에서도 뜨거운 감동의 눈물이 흘러내렸습니다. 교수님은 목숨을 잃지 않고 무사히 풀려날 수 있었습니다.

이것이 바로 여호와를 나의 목자로 삼은 자들이 누리는 놀라운 기적이요, 평안입니다. 다윗은 어릴 적부터 양치는 목동으로 살았기에 누구보다 목자와 양의 관계를 잘 알고 있었습니다. 그리고 여호와 하나님을 나의 목자로 따르며 수많은 은혜를 누렸습니다.

우리는 다 양 같아서

그럼에도 우리는 여호와 하나님이 나의 목자가 되어주신다는 사실을 자주 잊어버립니다. 도리어 내 뜻대로 생각하고, 내 뜻대로 살아가려고 합니다.

어릴 적에 시골에서 살았던 저는 얼마 동안 양을 키운 경험이 있어서 양에 대해 잘 알고 있습니다. 양은 보기와는 다르게 온순하지도 착하지도 않습니다. 오히려 생각 밖으로 어리석고 고집이 센 짐승입니다.

양은 가만히 있다가도 목자가 한동안 신경 쓰지 않으면 순식간에 제 마음대로 도망을 갑니다. 도망을 가도 꼭 위험한 바위가 있는 곳으로 올라섭니다. 허겁지겁 좇아가 겨우 잡을 만하면 살짝 그 옆의 바위로 뛰어갑니다.

숨이 헐떡거리도록 좇아갔던 저에겐 그런 양이 얼마나 얄미웠는지 모릅니다. 그러다가 겨우 고삐를 잡아서 다시 안전한 곳으로 데리고 가려 하면 앞발로 딱 버티고 서서 꼼짝도 하지 않습니다. 걱정해서 도와주려고 해도 제 마음대로 하겠다고 고집을 부리니 더 답답해집니다.

이렇게 고집스러우면 저 혼자 살 수 있어야 하는데, 이 양이란 짐승은 목자에겐 고집스러우면서도 동시에 다른 짐승에게는 얼마나 약한지 모릅니다. 그야말로 '밥'입니다.

저는 양과 함께 염소도 같이 돌보았는데 염소는 저만 없으면 뿔로 양을 들이받았습니다. 그러면 양은 대항도 못하고 속수무책으로 피해 다녔습니다. 그럴수록 염소는 재미있는지 양을 더 들이받았고, 결국 얼마 지나지 않아 양은 상처투성이가 되고 맙니다.

이처럼 한심하고 연약한 것이 양입니다. 제 몸 하나 돌볼 줄 모르면서 유독 목자에게는 고집이 센 짐승인 것입니다.

이를 바탕으로 한 이사야 선지자의 비유는 우리 인간에게 아주 적절하고도 깊은 통찰을 전하고 있습니다.

"우리는 다 양 같아서 그릇 행하여 각기 제 길로 갔거늘"(사 53:6)

안타까운 점은 이것이 세상 모든 사람들이 살아가는 모습입니다. 마치 제 힘으로 살아도 잘 살 수 있는 것처럼, 제 능력으로 모든 것을 할 수 있는 것처럼 살아갑니다.

그러나 만일 양이 끝까지 제 마음대로 산다면 그 최후는 어떻게 될까요? 말할 것도 없이 제 욕심대로, 제 고집대로 각기 제 길로 가다가 고민하고, 근심하고, 한탄하고, 절망하고, 끝내 최후를 맞이하고 말 것입니다.

내게 부족함이 없으리로다

그러나 기쁜 소식이 있습니다. 비록 우리가 못되고 어리석은 양과 같을지라도 여호와 하나님께서 나의 목자가 되어 주신다는 사실입니다. 그분을 나의 목자로 삼으면 우리는 전혀 다른 인생, 다른 세상에서 살게 됩니다.

그래서 다윗도 이렇게 고백할 수 있었습니다.

"내게 부족함이 없으리로다!(I shall not want)"

우리가 여호와 하나님을 나의 목자로 믿고, 그 사실을 고백할 때 그분은 우리의 인생을 부족함이 없게 하십니다. 그분은 여호와, 전능하신 언약의 하나님이시기에 그 크신 능력과 신실하심으로 능히 우리를 부족함이 없게 하실 것입니다. 그리하여 우리가 못되고 어리석은 양일지라도 나의 목자 여호와는,

나를 푸른 풀밭에 누이십니다.

나를 잔잔한 물가로 인도하십니다.(2절)

나의 영혼을 소생시킵니다.

나를 의의 길로 인도하십니다.(3절)

나를 사망의 음침한 골짜기에서 건지십니다.

나를 주의 지팡이와 막대기로 안위하십니다.(4절)

나의 잔을 원수들 앞에서 넘치도록 채우십니다.(5절)

나를 선하심과 인자하심으로 추적하십니다.

나를 여호와의 집(교회)에서 영적으로 충만하게 하십니다.

나를 영원한 여호와의 집에 살게 하십니다.(6절)

이 모든 것이 여호와를 나의 목자, 나의 주인으로 믿고 따라갈 때 누리는 은혜입니다. 그야말로 여호와는 나의 목자, 나의 모든 것입니다.

더욱 놀라운 점은 이미 우리에게 이런 목자가 있다는 사실입니다. 바로 우리 주 '예수 그리스도'이십니다. 예수님은 자신을 가리켜 이렇게 말씀하셨습니다.

"나는 선한 목자라 나는 내 양을 알고 양도 나를 아는 것이 아버지께서 나를 아시고 내가 아버지를 아는 것 같으니 나는 양을 위하여 목숨을 버리노라"(요 10:14-15)

이러한 예수님의 선언은 목자 되신 여호와 하나님과 우리의 관계를 알지 못하고는 절대로 설명할 수 없는 내용들입니다. 비록 우리가 육신의 눈으로 목자 되신 예수님을 볼 수는 없지만 날마다 그분의 음성을 듣고 따라갈 수 있습니다.

그러므로 우리는 무엇보다 예수님 음성 듣기를 사모해야 합니다. 그분의 말씀에 귀를 기울여야 합니다. 그분이 우리를 인도하시기에 모든 것에서 먼저 주의 뜻이 무엇인지 묻고 들어야 합니다.

때때로 음성이 들리지 않을 때는 서두르지 말고 침묵 가운데 기다려야 합니다. 바쁠수록 더 침묵 가운데 기도해야 합니다. 그러면 목자 되신 예수님의 음성을 좇아 살게 될 것입니다.

물론 듣는 것만큼 중요한 일이 한 가지 더 있습니다. 바로 들린 음성에 그대로 순종하는 것입니다. 비록 다 이해할 수 없을지라도 목자의 음성대로 순종하며 따르다보면 마침내 이런 고백이 절로 나올 것입니다.

"예수님은 나의 목자시니 내게 부족함이 없습니다!"

젊은 시절, 한국 교회 목사님들 중에서 두 분을 존경하고, 흠모했습니다. 한 분은 고인이 된 정진경 목사님이고, 또 다른 한 분은 홍정길 목사님입니다. 정 목사님께는 그리스도를 닮은 그분의 인품을 배우고 따르길 원했습니다. 그리고 홍 목사님께는 그분의 고백적인 삶을 배우고 따르길 원했습니다.

특히 홍 목사님은 이 시대의 명의처럼 교회가 마땅히 해야 할 일들에 대한 맥을 짚으시고 잘 감당하셨습니다. 민족 통일을 위한 남북나눔운동, 해외유학생 복음화를 위한 코스타,

장애인 재활을 위한 밀알학교 등은 이 땅에 복음적인 삶을 직접 보여준 홍 목사님만이 하실 수 있는 일들이었습니다.

이 분이 은퇴하고 나서 그 삶과 사역을 정리한 저서『여기까지 왔습니다』가 출간되었습니다. 이 책에서 홍 목사님은 자신의 인생과 사역에 대해 이렇게 회고하셨습니다.

"늘 그랬듯이 우리는 가야 할 목표도 알지 못한 채 주님의 인도하심만 따라가겠다고 결심했습니다. (중략) 우리는 그 수많은 사역에 가능성이 있는지 없는지 한번도 따져보지 않았습니다. 손익계산도 해본 적이 없었습니다. 그저 주님의 음성을 듣고 주님의 뜻이라고 여겨지면 농부가 열심히 땅에 씨를 심듯 그 일들을 시작했습니다.

열매 맺은 지금, 이루어진 일 하나하나를 생각해 보면서 정말 '우리 주님이 하셨습니다!'라고 고백할 수밖에 없습니다. 부족함이 없이 차고 넘치게 이루어 주셨습니다. 정말 우리 주님이 하셨습니다."

너희는 나를 주라 부르면서도

참으로 아름답고 멋진 인생이 아닌가요? 이처럼 목자 되신 주님의 음성을 듣고, 그 뜻에 순종하는 사람에게는 반드시 열매와 만족이 있습니다.

그렇다면 이제 우리 자신을 돌아봐야 할 차례입니다. 나는 예수님을 나의 목자요 주인으로 삼고 있는지, 나는 그 예수님의 음성을 듣고 따르고 있는지, 혹은 여전히 못된 양처럼 그릇 행하여 제 마음대로 살고 있진 않는지 생각해 보아야 합니다.

독일 북부의 뤼벡(Lübeck)이라는 항구도시에 작고 오래된 예배당이 있는데, 벽면에 시(詩)가 새겨 있다고 합니다. 이 시는 우리의 불순종을 낱낱이 고발하고 있습니다.

너희는 나를 주라 부르면서도 따르지 않았고

너희는 나를 빛이라 부르면서도 우러러 보지 않았고

너희는 나를 길이라 부르면서도 걷지 않았고

너희는 나를 삶이라 부르면서도 배우려 하지 않았고

너희는 나를 순결이라 부르면서 사랑하지 않았고

너희는 나를 부요라 부르면서도 구하지 않았고

너희는 나를 영원이라 부르면서 찾지 않았고

너희는 나를 문이라 부르면서도 두드리지 않았고

너희는 나를 존귀라 부르면서 섬기지 않았고

너희는 나를 능력이라 부르면서도 존경치 않았고

너희는 나를 공의라 부르면서 두려워하지 않았고

너희는 나를 구원이라 부르면서도 십자가를 지지 않았다.

그러므로 너희를 꾸짖어도 너희는 나를 탓하지 말라

—독일 뤼벡, 예배당 벽면의 시

이제라도 늦지 않았습니다. 우리는 지금부터 입으로만 말할 것이 아니라 행동으로 보여줘야 합니다. 진실로 예수님을 나의 목자로 믿어야 합니다. 그리고 매사에 목자 되신 주님의 음성을 듣고 따라가야 합니다.

이것이 때론 손해 보는 것 같고, 어리석은 것 같아 보여도 손익계산을 하지 말고 믿음으로 순종해야 합니다. 그러다보면 마침내 우리도 다윗과 같이 고백하게 될 것입니다.

"내게 부족함이 없습니다!"

"정말 우리 주님이 하셨습니다!"

충분, 예수님 한 분으로 넉넉하다

"내게 부족함이 없으리로다"

날마다 고백할 말

평소 친분이 있던 기자를 만나게 되었습니다. 서초교회 성전이 막 완공되던 시기였는데, 이런 때를 맞춰 그가 물었습니다.

"목사님, 성전 완공을 축하드려요. 이렇듯 아름답게 잘 지으셨는데 이제 목사님의 다음 비전은 무엇인가요?"

그는 제가 교단이나 교계에서 어떤 대단한 일이라도 벌일 줄 알았나 봅니다. 그러나 저는 성전 완공을 내다보며 기도하고, 묵상하던 바가 있어 이렇게 답할 수 있었습니다.

"부끄러운 이야기이지만, 그동안 제 스스로 주관하여 주님의 일을 해온 편입니다. 그럼에도 감사한 것은 주께서 은혜를 베푸셔서 그 모든 일들이 주의 일이 되게 하셨다는 것이지요. 이제 남은 생애는 제가 아니라 철저히 주님의 주도 하에 그분의 뜻을 이루어 드리고 싶습니다.

무엇보다 제가 먼저 예수님 한 분으로 넉넉한 삶을 살고자 합니다. 예수님 한 분으로 만족하고, 예수님 한 분으로 행복한 삶이 어떤 것인지, 저의 일상과 목회를 통해서 보여주고 싶습니다. 그것이 저의 비전입니다."

이렇게 대답하고 집에 돌아와서 곰곰이 생각해 보니, 사실 이것은 제 자신만의 바람이 아닌 크리스천이라면 누구나 가져야 할 신앙적 자세이며 비전이었습니다. 모름지기 크리스천이라면 누구나 예수님 한 분으로 넉넉하고, 충분하고, 행복해야 하지 않을까요?

우리는 날마다 순간마다 스스로 물어야 합니다.

"나는 진정 예수님 한 분으로 충분한가?"

비록 살림이 가난해도, 몸이 병들어도, 일이 마음먹은 대로 안 되어도, 속상한 일이 생겨도, 억울한 일을 당해도, 심지어 죽을 위기에 처한다고 할지라도 우리는 예수님 한 분으로 넉넉하고, 또 만족해야 합니다. 결코 쉽지는 않겠지만 그럼에도 우리는 이것을 스스로 확인하여 날마다 고백해야 합니다.

가장 애송하는 시편

시편 23편은 세계에서 가장 잘 알려진 시라고 할 수 있습니다. 수많은 크리스천들이 즐겨 암송하는 그야말로 애송(愛誦)시이지요. 왜 이토록 시편 23편은 많은 사람들에게 사랑받는 시가 되었을까요? 그것은 적어도 이 시가 지니고 있는 세 가지 특징 때문입니다.

• **이 시는 보편성을 가지고 있습니다.**

시편 23편은 언제, 어디서나, 어떤 상황에도 적용될 수 있는 신비한 시입니다.

목회자인 저는 성도들을 방문하여 함께 성경말씀을 나눌 때가 종종 있습니다. 그때마다 시편 23편을 펼치면 그 자리에 합당한 격려와 회복이 임하는 신비한 은혜를 경험하게 됩니다. 아기가 탄생했을 때도, 결혼식에서도, 개업식에서도, 승진했을 때도, 병들었을 때도, 심지어 장례식에서도 잘 어울리고 은혜가 되는 내용들이 이 시에 담겨져 있습니다.

• **이 시는 현실성을 가지고 있습니다.**

이 시에는 오늘 일상에서 누구에게나 경험될 수 있는 인생이 적나라하게 묘사되어 있습니다. 그래서 인생의 어떤 상황이든 이 시를 읽고 묵상하면 목자이신 하나님의 임재를 느끼게 되고, 위로와 안식, 용기와 희망을 얻을 수 있게 됩니다.

누구나 이 시를 읽으면 읽을수록 다른 사람이 아닌 바로 '나'를 위한 하나님의 말씀임을 알게 됩니다. 시인이 여호와를 나의 목자라고 고백하는 것처럼 이 시에는 나와 관계된 단어가 자그마치 열네 번이나 등장합니다.

이렇게 하나님과 나 사이에 인격적인 관계가 형성되면 여호와는 다른 누구의 하나님이 아닌 바로 나의 하나님이요 목자가 되십니다.

사실 성경에는 하나님의 호칭에 대한 나의 고백을 잘 표현하고 있는 또 다른 시편이 있습니다.

"나의 힘이신 여호와여 내가 주를 사랑하나이다 여호와는 나의 반석이시요 나의 요새시요 나를 건지시는 이시요 나의 하나님이시요 내가 그 안에 피할 나의 바위시요 나의 방패시요 나의 구원의 뿔이시요 나의 산성이시로다"(시 18:1-2)

그러나 이 시의 하나님 호칭이 힘, 반석, 요새, 바위, 방패, 구원의 뿔, 산성과 같은 비인격적인 표현들인데 비해, 시편 23편에서 시인은 하나님을 나와 매일의 일상에서 수없이 만나는 인격적 관계가 전제된 '나의 목자'로 표현하여 더 깊은 개인적 친근감을 더해주고 있습니다.

이 목자를 아십니까?

그렇다면 다시 한 번 시편 23편을 나의 고백으로 강조하며 천천히 읽어 봅시다. 여기에서 시인은 목자와 자신이 어떤 관계인지, 목자는 그를 어떻게 돌보고 있는지, 그리고 이를 통해 어떤 삶을 살게 되었는지를 소상하게 설명하고 있습니다.

여호와는 '나'의 목자시니
'내게' 부족함이 없으리로다
그가 '나'를 푸른 풀밭에 누이시며
쉴 만한 물가로 인도하시는도다
'내 영혼'을 소생시키시고
자기 이름을 위하여 의의 길로 인도하시는도다
'내가' 사망의 음침한 골짜기로 다닐지라도
해를 두려워하지 않을 것은 주께서 '나'와 함께 하심이라
주의 지팡이와 막대기가 '나'를 안위하시나이다
주께서 '내' 원수의 목전에서 '내게' 상을 차려 주시고

기름을 '내' 머리에 부으셨으니 '내' 잔이 넘치나이다
'내' 평생에 선하심과 인자하심이 반드시 '나'를 따르리니
'내가' 여호와의 집에 영원히 살리로다.

그렇다면 스스로 물어보십시오. 당신은 이 목자를 알고 있습니까? 아니면 단순히 시편 23편을 아는 것입니까?

애송시라는 별칭에 걸맞게 서구에서는 이 시편을 종종 축하연에서 낭송한다고 합니다.

언젠가 당대 최고의 유명배우가 카네기 홀에서 공연을 한 적이 있었습니다. 공연을 마친 뒤에 관객들과 대화를 나누는 시간이 있었는데, 그때 노 신사가 손을 들고 배우에게 부탁했습니다.

"당신의 멋진 목소리로 시편 23편을 들려주세요."

배우는 곧 멋진 목소리로 시편 23편을 낭송하기 시작했습니다. 맑고 아름다운 목소리였습니다. 배우가 낭송을 마치자 극장이 떠나갈 듯한 박수가 터져 나왔습니다. 잠시 후 배우는 노 신사에게 똑같이 시편 23편을 낭송해 달라는 부탁했습니다.

그러자 잠시 머뭇하던 노 신사는 지그시 눈을 감고 시편 23편을 천천히 낭송하기 시작했습니다.

"여호와는 나의 목자시니… 내가 여호와의 집에 영원히 살

리로다.”

　노 신사가 시편 23편 낭송을 마치자 이번에는 극장에 침묵이 흘렀습니다. 사람들이 저마다 눈물을 닦고 있었던 것입니다. 이윽고 그 침묵을 깨며 배우가 입을 열었습니다.

　“저는 시편 23편을 알았지만, 저분은 시편 23편의 목자를 알고 계셨습니다.”

　이것이 바로 시편 23편을 아는 것과 이 시편의 목자를 아는 것의 차이입니다. 우리는 무엇보다 이 시편의 목자를 바로 알아야 합니다. 이 목자를 ‘나의 목자’로 모셔 그분을 알고, 그분의 인도를 받아야 합니다.

　오늘날 우리를 인도하시는 이 선한 목자는 다름 아닌 예수 그리스도이십니다. 왜냐하면 예수님만이 우리를 죄악의 깊은 골짜기에서 건져주시고, 신음하는 고통 속에서 회복시켜주시기 때문입니다.

　그런 의미에서 시편 23편은 다윗이 그린 예수님의 초상화라고 말할 수 있습니다. 더욱이 예수님 역시 이 시편을 근거로 친히 자화상을 그려주셨습니다.

　“내가 온 것은 양으로 생명을 얻게 하고 더 풍성히 얻게 하려는 것이라 나는 선한 목자라 선한 목자는 양들을 위하여

목숨을 버리거니와"(요 10:10-11)

이렇게 예수님은 목숨까지도 아끼지 않으시며 우리를 푸른 풀밭, 맑은 시냇가로 인도하셨습니다. 그런데 당신은 이 선한 목자 예수님을 매일 신뢰하며 따르고 있습니까? 아니면 단지 입으로만 고백하고 있습니까?

만일 우리가 선한 목자이신 예수님을 진정으로 신뢰하며 따르고 있다면 시편 23편의 시인처럼 우리 역시 무슨 일을 당해도 이렇게 고백하게 될 것입니다.

"내게 부족함이 없습니다!"

관계로 인한 충분

여기서 짚고 넘어가야 할 것이 있습니다. 이 시의 시인 다윗은 진정 그의 생애에 부족한 것이 하나도 없었을까요? 그렇지 않습니다. 사실 다윗의 일생을 뒤돌아보면 그의 삶 역시 부족한 것 투성이었음을 쉽게 알 수 있습니다.

다윗은 지극히 힘들고 어려운 삶을 살았습니다. 시편 23편 3-5절이 말하고 있는 것처럼 그는 자주 우울, 낙심, 침체의 상태에 빠졌습니다. 영혼의 소생을 기다려야 했고, 사망의 음침한 골짜기를 다녀야 했으며, 원수의 목전에 놓이는 급박

한 상황도 마주해야 했습니다. 여러 모로 그는 위기와 어려움 속에 살아야 했습니다.

성경의 사무엘상·하를 보면 이 사실을 더욱 분명히 알 수 있습니다. 그의 인생은 결코 행복한 장밋빛 인생이 아니었습니다.

그는 부모의 극진한 사랑이나 형제의 깊은 우애를 받고 자라지 못했습니다. 사랑하는 아내 미갈의 인정과 존중도 받지 못했습니다. 장인이었던 사울 왕의 질투로 인해 오랜 세월을 쫓기며 도망자로 살아야 했습니다. 때로는 미친 척하며 위기를 모면해야 했습니다. 더욱 처참한 것은 그의 말년에 아들 압살롬이 아버지의 왕위를 빼앗겠다고 반역을 한 것입니다.

이 같은 인생의 숱한 어려움과 아픔을 지나온 다윗이지만 그럼에도 그는 여전히 고백합니다.

"내게 부족함이 없으리로다"(1절)

도대체 어찌 된 일일까요? 상황은 온통 부족한 것뿐인데도 다윗은 어떻게 부족함이 없다고 말하는 것일까요? 상식적으로 생각했을 때 이것은 허풍일 수 있습니다. 혹은 그가 정신 이상일지도 모릅니다. 그것도 아니라면 우리처럼 말로만 이렇게 고백하는 것일지도 모릅니다.

그러나 다윗은 그렇지 않았습니다. 여기에 우리가 주목해야 할 말씀의 포인트가 있습니다. 상황은 온통 부족한 것뿐이지만 그럼에도 부족함이 없는 풍성한 인생을 살 수 있는 비결이 있습니다. 그것은 바로 상황의 결핍과는 상관없이 '하나님과의 관계'로부터 오는 존재의 충분이요 넉넉함입니다.

다윗은 이것을 잘 알고 있었습니다. 그래서 현실과 상황은 온갖 부족한 것 투성이었지만 그럼에도 얼마든지 충분할 수 있었던 것입니다. 이렇듯 하나님과의 관계로부터 시작되는 충분은 세 가지 영역으로 우리에게 드러납니다.

• 영혼의 충분입니다.

인생의 목자이신 예수님을 나의 주, 나의 목자로 내 안에 영접하면 놀랍게도 세상 그 무엇에 더 이상 갈급해 하지 않게 됩니다. 예수님께서 그리스도로 내 안에 계시니 세상 그 무엇도 부럽지 않은 것입니다. 마치 배가 부르면 어떤 산해진미(山海珍味)를 갖다 주어도 먹고 싶지 않은 것처럼 예수님이 내 안에 계시면 세상의 어떤 것도 부럽지 않고, 그 무엇도 두렵지 않게 됩니다.

그래서 중세 신학자 토마스 아퀴나스(Thomas Aquinas)는 하나님을 향해 "아무것도 필요 없습니다. 오직 주님만을 구합니다"라고 기도했던 것입니다. 이처럼 예수님께서 내 안에 계시면 나의 영혼은 평안과 기쁨으로 충만하게 됩니다.

"예수께서 이르시되 나는 생명의 떡이니 내게 오는 자는 결코 주리지 아니할 터이요 나를 믿는 자는 영원히 목마르지 아니하리라"(요 6:35)

• 자족의 충분입니다.

내 안에 예수님이 계시면 나의 성품 역시 선한 목자이신 예수님을 닮아가게 됩니다. 그래서 내 영혼이 충만해질 뿐만 아니라 외적으로 무슨 일을 만나든지 그리스도의 뜻을 따라 믿음으로 보게 되고, 신앙적인 해석을 하게 되어 능히 자족할 수 있게 됩니다.

비록 상황은 변함없고 여의치 않아도 예수님으로 인한 만족과 감사가 넘치게 되는 것입니다. 바로 이런 충분이 있었기에 사도 바울은 감옥 속에 있을지라도 능히 자족할 수 있었습니다.

"내가 궁핍하므로 말하는 것이 아니니라 어떠한 형편에든지 나는 자족하기를 배웠노니 나는 비천에 처할 줄도 알고 풍부에 처할 줄도 알아 모든 일 곧 배부름과 배고픔과 풍부와 궁핍에도 처할 줄 아는 일체의 비결을 배웠노라 내게 능력 주

시는 자 안에서 내가 모든 것을 할 수 있느니라"(빌 4:11-13)

• 임마누엘의 충분입니다.

예수님은 임마누엘(하나님이 우리와 함께 하신다)이시기에 목자 되신 그분을 신뢰하고 따르는 자에게는 세상이 알지 못하는 시편 23편 2-5절 같은 임마누엘 은혜가 임하게 됩니다.

모세의 고별 설교로 알려진 신명기를 보면 이스라엘 백성은 40년 간 험난한 광야 생활을 하며, 이 임마누엘 은혜를 몸소 경험한 사람들이었습니다.

그들은 임마누엘 은혜로 인하여 먹을 것이 없는 광야에서도 만나와 메추라기로 배부를 수 있었고, 사방에 위협을 두고도 구름기둥과 불기둥으로 하나님의 인도와 보호를 받았습니다.

그래서 모세는 길었던 광야 생활을 마치고 가나안 땅을 바라보던 이스라엘 백성을 향해 이와 같은 은혜를 절대 잊지 말라고 당부합니다.

"네 하나님 여호와께서 네가 하는 모든 일에 네게 복을 주시고 네가 이 큰 광야에 두루 다님을 알고 네 하나님 여호와께서 이 사십 년 동안을 너와 함께 하셨으므로 네게 부족함이 없었느니라"(신 2:7)

내 인생 최고의 해

사실 다윗뿐 아니라 모든 이의 인생이 그리 녹록치 않습니다. 각자 자신의 상황만 놓고 보면 어떤 사람도 온전히 만족할 수 없는 것입니다. 제 인생만 돌아보아도 나름대로 만만치 않는 인생이었습니다.

1994년, 맨 땅에 헤딩하는 심정으로 서초구에 교회를 개척하고, 성장해 갔던 과정들은 말로 다 할 수 없을 만큼 어려움이 많았습니다. 2001년, 반포동의 천주교회 부지를 구입하고, 리모델링하는 과정에도 속상하고 고통스러운 일들이 있었습니다.

더욱이 2011년에는 성전 건축을 새롭게 시작하여 완공하기까지 여러 가지 처리할 일이 많고 복잡해서 어려움을 겪기도 했습니다. 누구에게도 눈물을 보일 수 없어 혼자 울기도 했습니다. 탄식과 슬픔 속에 그 깊은 고통의 골짜기를 수도 없이 지나야 했습니다.

그러나 돌이켜보니 때마다 선한 목자이신 예수님께서 자상하게 돌보셔서 오늘의 제가 있을 수 있었습니다. 제가 낙심하여 지쳐 쓰러져 있을 때면 주께서 저의 영혼을 소생시키시고, 친히 의의 길로 인도하셨습니다. 도저히 앞길이 보이지 않는 사망의 음침한 골짜기를 지날 때에도 주님께서는 저를 지키시고, 보호하시며, 가장 선한 길로 인도하셨습니다.

이제는 모든 것이 끝났다고 좌절할 때조차도 주님께서는 안 되었던 일을 더 잘된 일로 바꾸어주서서 저의 명예와 인생을 높이 세워 주셨습니다. 그러므로 저 역시 다윗처럼 고백할 수밖에 없습니다.

"주님, 제게 부족함이 없었습니다!"

이처럼 상황은 어렵더라도 하나님과의 관계에서 오는 충분이 저를 넉넉하고 충만하게 했습니다. 돌이켜 보면 매해 제 인생 최고의 해였습니다. 하나님께서는 언제나 제가 지나왔던 어려움들보다 훨씬 더 큰 열매들로 갚아 주셨습니다. 이 모든 것이 바로 임마누엘 예수님께서 저의 목자가 되어 주셨기에 가능한 일들입니다.

미국의 한 목회자는 목자이신 예수님만으로 충분한 우리 인생을 다음과 같이 역설적으로 표현하였습니다.

예수님이 강하시니 나는 약해도 괜찮다.
예수님이 승리하셨으니 나는 져도 괜찮다.
예수님이 대단한 분이시니 나는 하찮은 사람이어도 괜찮다.
예수님이 특별하시니 나는 평범해도 괜찮다.
예수님이 성공하셨으니 나는 실패해도 괜찮다.

그렇습니다. 예수님만 내 안에 계시면 나는 약해도, 나는 패배해도, 나는 하찮아도, 나는 평범해도, 나는 실패해도 다 괜찮습니다.

주님이 내 모든 것 되시기에 그저 주님만으로 내 영혼은 항상 만족하게 됩니다. 예수님 성품을 닮아가기에 어떤 상황에서도 자족할 수 있게 됩니다. 예수 임마누엘의 은혜가 함께하기에 날마다 꼬리에 꼬리를 무는 은혜를 경험하게 됩니다. 할렐루야!

이런 충분함을 누리기 위해서는 전제 조건이 있습니다. 바로 자신을 비우는 것입니다. 마치 그릇을 비워야 다시 무엇으로 채울 수 있는 것처럼 내 자신을 온전히 비워야 비로소 목자 되신 예수님께서 부족함이 없게 채우십니다. 왜냐하면 이 충분은 '주님은 나의 목자, 나는 그분의 양'이 되는 관계 속에서만 주어지는 충분이기 때문입니다.

자신을 비우고, 하나님께 주권을 내어 드리는 것은 참으로 어려운 일입니다. 희생적인 사랑과 봉사로 잘 알려진 마더 테레사(Mother Teresa)의 기도문은 우리가 비워지기 얼마나 어려운 존재인지 단적으로 보여줍니다.

주여, 나를 해방시켜 주옵소서!

존경받으려는 욕망으로부터

사랑받으려는 욕망으로부터

칭찬받으려는 욕망으로부터

명예로워지려는 욕망으로부터

찬양받으려는 욕망으로부터

선택받으려는 욕망으로부터

인정받으려는 욕망으로부터

인기를 끌려는 욕망으로부터

모멸받는 두려움으로부터

경멸받는 두려움으로부터

질책당하는 두려움으로부터

비방당하는 두려움으로부터

잊혀지는 두려움으로부터

오류를 범하는 두려움으로부터

우스꽝스러워지는 두려움으로부터

의심받는 두려움으로부터

주여, 나를 해방시켜 주옵소서!

—마더 테레사의 기도시

사실 우리 속은 이것들과 비교할 수 없을 정도로 더 많은 욕망과 더 깊은 두려움들로 가득합니다. 그러나 이 모든 것들을 비워내야 합니다. 끊임없이 비워내어 가난한 심령이 되어야 합니다(마 5:3).

예수님을 선한 목자로 믿고 가난한 심령으로 자신을 비워 그분으로 가득 채워질 때 비로소 우리는 만족하며 노래를 부르게 될 것입니다.

"예수님 한 분으로 넉넉합니다!"

인도, 가장 좋은 것을 예비하시다

"그가 나를 푸른 풀밭에 누이시며"

가장 큰 복, 하나님의 인도

그리스도인들이 세상을 살아가며 가장 궁금해 하는 것이 무엇일까요? 바로 '하나님의 뜻'입니다. 그래서 우리는 주변 사람들로부터 이런 말을 자주 듣습니다.

"그것이 정말 하나님의 뜻이라고 생각하니?"

"무엇이 하나님의 뜻인지 우리 기도해 보자."

"그래, 이것이 하나님의 뜻이라는 확신이 들어."

이렇듯 하나님의 뜻이 무엇인지를 묻고, 뜻을 따라가는 것은 모든 그리스도인들이 추구해야 할 올바른 신앙이자 삶의 자세입니다. 특히 무엇을 해야 할지, 어디로 가야 할지에 대한 진 로가 불투명할 때에는 더더욱 하나님의 뜻을 구하고, 주의 인도를 받아야 합니다.

미국 침례교 목회자였던 조지 트루엣(George W. Truett)은 하나님의 뜻에 대해 다음과 같은 말을 남겼습니다.

"인간이 가질 수 있는 가장 위대한 지식은 하나님의 뜻을 아는 것이고, 인간이 행할 수 있는 가장 위대한 업적은 하나님의 뜻을 행하는 것이다."

그렇다면 당신은 어떻습니까? 과연 당신의 인생에 대한 하나님의 뜻을 알고, 날마다 그 뜻대로 주의 인도를 받으며 살고 있습니까?

역사적으로 날마다 하나님의 인도를 받으며 살았던 대표적 사람을 예로 든다면 단연 조지 뮬러(George Mueller)일 것입니다. 그는 40년 동안 하나님의 일을 하면서 무려 5만 번의 기도 응답을 받았다고 합니다. 참으로 놀라운 일이 아닐 수 없습니다. (물론 이를 위해 그가 5만 번 이상 기도를 했다는 사실은 더욱 놀랍습니다.)

이렇듯 하나님의 도우심과 인도를 받으며 살았던 그는 인생 후반기에 접어들며 이렇게 고백했다고 합니다.

"하나님은 한번도 나를 실망시키지 않으셨다. 40년 사역의 역사가 주님의 신실한 인도하심의 산 역사였다."

누군가 그의 고백을 얼핏 들어보면 참 부럽다고 생각할지도 모르겠습니다. 그러나 우리는 그를 존경해도 부러워할 필요는 없습니다. 뮬러의 하나님은 동시에 우리의 하나님도 되시기 때문입니다.

우리 역시 이 시대의 뮬러처럼 위대하게 하나님께 쓰임받을 수 있습니다. 다만 우리는 뮬러에게서 어떻게 날마다 하나님의 뜻을 알고, 그분의 인도를 받으며 살았는지를 배워야 합니다. 『5만 번 응답받은 뮬러의 기도 비밀』에서 뮬러가 하나님의 인도를 받았던 방법은 크게 다섯 가지임을 알 수 있습니다.

- 이웃을 향한 사랑
- 하나님의 뜻을 구하는 기도
- 거짓 없이 정직한 마음
- 매일의 말씀 묵상
- 하나님을 향한 전적인 신뢰

뮬러는 이런 방법들을 통해 매일 하나님의 뜻을 발견했고, 그것을 이루며 살아가게 되었습니다. 이제 우리도 매일의 일상에서 어떻게 하나님의 인도를 받고 있는지, 혹은 왜 하나님의 인도를 받지 못하고 있는지를 적으며 점검해 보아야 합니다.

이를 통해 하나님의 인도를 그저 막연하게 기다리는 것이 아니라 구체적으로 오늘 하루 가운데 실천하며 살아야 합니다. 만일 우리가 날마다 하나님의 뜻을 찾으며 살아간다면 하나님께서는 매일 가장 좋은 것으로 예비하시고 인도하실 것입니다.

목자는 절대적이다

시인 다윗은 이제 여호와 신앙이 어떻게 인생의 모든 영역에 충분함을 불러오는지 조목조목 설명하기 시작합니다.

"그가 나를 푸른 풀밭에 누이시며"(2절)

다윗은 먼저 인생의 근본적인 필요부터 다룹니다. 양에게 근본적 필요란 무엇일까요? 바로 푸른 풀밭입니다. 만일 풀밭이 없다면 양은 생존이 불가능합니다.

익히 알려져 있는 것처럼 양은 시력이 약하여 한치 앞도 보지 못한다고 합니다. 따라서 양이 스스로 드넓은 팔레스타인의 광야를 다니며 풀밭을 찾아다닐 수는 없습니다.

양은 반드시 목자의 인도가 필요합니다. 목자의 인도 없이는 결코 생존할 수 없는 것입니다.

마찬가지로 우리도 대단히 똑똑하고 지혜로운 것처럼 보여도 사실은 양과 다를 바 없는 존재입니다. 그저 한치 앞도 내다보지 못하고, 그릇 행하며 살아가기 때문입니다(계 3:17).

눈이 있으나 보지 못하여 영혼의 양식을 찾을 길이 없습니다. 그래서 오늘 우리에게도 푸른 풀밭으로 인도하시는 목자가 필요합니다. 그런데 감사하게도 여기 선한 목자가 계시니 그분이 바로 예수님이십니다.

선한 목자는 언제나 양을 푸른 풀밭으로 인도합니다. 그리고 양이 그곳에 누워 쉬며 좋은 것들을 누리게 합니다. 이때 양이 풀밭에 누우려면 무엇보다 두 가지가 전제되어야 합니다.

하나는 '만족'입니다. 양이 꼴을 풍족히 먹고 배가 불러야만 누울 수 있습니다. 다른 하나는 '안전'입니다. 양은 주변에 도사리고 있는 위협으로부터 안전이 보장되어야만 누울 수 있습니다. 이 둘 중의 하나라도 부족하면 양은 편히 누울 수가 없습니다.

중요한 것은 우리 인간 역시 만족과 안전이 보장되어야 편히 쉴 수 있다는 사실입니다. 그래서 많은 사람들은 이것들을 얻기 위해 세상에 몸을 던집니다. 밤잠을 줄여가며 애쓰고, 속 깊은 친구를 사귈 틈도 없이 경쟁하며 이것들을 구해

봅니다.

그러나 제 힘으로 얻은 만족과 안전은 한계가 있기 마련입니다. 그것들은 임시방편일 뿐, 참된 만족과 안전을 제공해 줄 수 없습니다. 그렇다면 세상 어디서 이 만족과 안전을 얻을 수 있을까요?

나를 인도하시는 선한 목자

• 선한 목자 예수님이 우리를 만족으로 인도하십니다.

인간은 소유, 성공, 쾌락으로는 절대 만족할 수 없습니다. 그것은 도리어 불만, 불안, 허무를 가져다줄 뿐입니다. 우리는 영적 존재이자 하나님의 형상으로 창조되었기에 세상 무엇으로도 그 영혼을 가득 채울 수 없습니다. 높은 지위를 갖다 넣어도, 좋은 직장을 갖다 넣어도, 넓은 아파트를 갖다 넣어도, 고급 외제차를 갖다 넣어도 우리 속에 있는 영적 그릇은 만족할 줄 모릅니다.

그래서 한때 탕자였던 어거스틴(Augustinus)은 그의 『참회록』에서 이렇게 고백했습니다.

"하나님! 내 영혼이 당신의 품에 돌아가 쉬기까지는 결코 평안함이 없었나이다."

우리는 세상의 무엇으로도 만족하고 평안할 수 없습니다. 그런데 놀랍게도 예수님과 주의 말씀이 내 영혼을 채우면, 그때부터 나의 존재 자체가 충만해져서 더 이상 세상 것으로 주리지 않게 됩니다. 선한 목자 예수님으로 인하여 내 영혼이 만족하게 되는 것입니다.

"그가 사모하는 영혼에게 만족을 주시며 주린 영혼에게 좋은 것으로 채워주심이로다"(시 107:9)

이처럼 하나님이 베푸신 은혜로 주린 영혼이 채워지게 되면 더 이상 부러운 것도 없고, 탐나는 것도 없게 됩니다. 그 무엇도 아쉽지 않습니다. 아골 골짝 빈들에서도 살 수 있고, 어떤 형편에서도 자족할 수 있게 됩니다. 오직 주님 한 분만으로 만족하게 됩니다. 더욱 주님만을 사모하게 됩니다.

• 선한 목자 예수님이 우리를 안전으로 인도하십니다.

세상 어디에도 안전지대는 없습니다. 과연 어디가 안전하다고 말할 수 있을까요? 미국, 일본, 유럽 같은 선진국이 안전할까요? 나만이 아는 안가(安家), 혹은 지하 벙커라면 안전할까요?

우리가 잘 아는 것처럼 안가에서 우리 대통령 중 한 사람이 시해되었고, 외국의 한 독재자는 지하 벙커에 숨어 있다가 사살되었습니다.

이 세상 어디에도 안전지대는 존재하지 않습니다. 오직 한 곳, 선한 목자이신 주님의 인도와 보호하심 가운데 있는 자만이 참된 안전을 경험할 수 있습니다.

시편 121편에는 이와 같은 하나님의 안전한 보호가 아주 자세히 설명되어 있습니다.

"내가 산을 향하여 눈을 들리라 나의 도움이 어디서 올까 나의 도움은 천지를 지으신 여호와에게서로다 여호와께서 너를 실족하지 아니하게 하시며 너를 지키시는 이가 졸지 아니하시리로다 이스라엘을 지키시는 이는 졸지도 아니하시고 주무시지도 아니하시리로다 여호와는 너를 지키시는 이시라 여호와께서 네 오른쪽에서 네 그늘이 되시나니 낮의 해가 너를 상하게 하지 아니하며 밤의 달도 너를 해치지 아니하리로다 여호와께서 너를 지켜 모든 환난을 면하게 하시며 또 네 영혼을 지키시리로다 여호와께서 너의 출입을 지금부터 영원까지 지키시리로다"(시 121:1-8)

선한 목자 예수님은 우리의 모든 것을 안전하게 지켜주십니다. 그중에서도 특히 우리의 마음과 영혼을 지키시길 원하십니다.

그래서 때때로 우리가 소유, 건강, 재산, 명예에 사로잡혀 영생을 잃어버릴 위험에 처하면 다른 것들을 빼앗아서라도 우리 영혼을 안전으로 인도하십니다. 우리가 눈먼 양처럼 그릇 행할 때에는 우리의 영혼을 위해 그토록 아까워하는 것들을 빼앗아서라도 강제로 인도하시는 것입니다.

"너희가 전에는 양과 같이 길을 잃었더니 이제는 너희 영혼의 목자와 감독 되신 이에게 돌아왔느니라"(벧전 2:25)

하나님의 뜻을 분별하는 법

그러므로 참된 만족과 안전을 구하는 크리스천이라면 언제나 무엇을 결정하기 전에 먼저 하나님의 뜻을 묻고, 주의 인도하심에 순종해야 합니다.

그런데 문제는 우리가 어떻게 하나님의 뜻을 알고, 그것을 분별할 수 있느냐는 것입니다. 사람에 따라 여러 방법이 있겠지만, 저는 오랜 학습과 신앙 경험을 통해 인생의 중요한 결정을 앞두고 있을 때 늘 다음의 다섯 가지를 묵상하고 고려합니다.

- 내 야망이 아닌 하나님의 뜻인가?(살전 3:3-4)
- 사람을 살리는 일인가?(요 6:39-40)
- 선을 행함으로 손해 보는 일인가?(벧전 3:17)

- 신앙생활에 유익한 일인가?(살전 5:16-18)
- 성령이 주시는 사인이 있는가?(엡 5:17-18)

그리고 재차 강조하지만 주어진 하나님의 뜻에는 반드시 순종해야 합니다. 아무리 하나님의 뜻을 안다고 해도 내 자신이 순종하지 않으면 하나님의 인도를 받을 수 없습니다.

우리가 하나님의 뜻에 순종할 때 선한 목자이신 예수님께서 언제든지 우리를 만족과 안전으로 인도하실 것입니다. 그러니 이 사실을 잊지 마십시오.

"모르는 하나님의 뜻을 알려고 하기보다는, 이미 알고 있는 하나님의 뜻에 먼저 순종하라. 그러면 점차 주께서 모르는 하나님의 뜻도 알게 해 주실 것이다."

오래 전, 저 역시 하나님의 특별한 인도를 경험한 적이 있습니다. 1980년 가을, 독일로 유학을 떠나 솔링엔(Solingen)이라는 중소 도시에서 살 때의 일입니다.

그 도시에는 한인 교포 30여 명이 살고 있었습니다. 저는 자연스럽게 그들과 주말마다 성경공부를 하게 되었는데, 그것이 점차 교회로 발전하게 되었습니다.

그러던 중 그곳에 계시던 선교사님과 교회 소속 관계로 갈

등이 생기게 되었습니다. 저는 하나님의 뜻이 무엇인지 주님의 인도하심을 구하며 기도했습니다.

그때 아브라함이 조카 롯과의 갈등 중에 제안했던 말씀이 생각났습니다.

"네 앞에 온 땅이 있지 아니하냐 나를 떠나가라 네가 좌하면 나는 우하고 네가 우하면 나는 좌하리라"(창 13:9)

인간적으로 생각하면 몹시 아쉬웠습니다. 그곳에 들인 제 노력과 수고가 적지 않았기 때문입니다. 그러나 이것이 하나님의 뜻인 줄 믿고, 즉시 이 말씀대로 그분에게 먼저 선택을 제안했습니다.

그분은 자신이 그곳에 남겠다고 결정하셨습니다. 저는 상황적으로는 그곳을 떠나기가 쉽지 않았지만 하나님의 인도하심으로 받아들이고, 그대로 순종하여 그곳을 떠났습니다.

그 순종 이후 하나님께서는 저를 가장 좋은 길로 인도하셨습니다. 먼저 목회가 아닌 독일의 선교신학을 배우고 연구할 수 있도록 인도하셨습니다.

그리고 만하임한인교회에서 다시 목회할 수 있는 풍성한 길로 인도하셨습니다. 뿐만 아니라 솔링엔교회도 잘 성장하여 지금은 독일의 선교센터로서 막중한 역할을 감당하게 되었습니다.

이처럼 하나님의 인도하심을 받을 때 무엇보다 중요한 것이 '순종'입니다. 아무리 하나님의 뜻을 알고 있다고 할지라도 순종하지 않으면 하나님의 인도하심을 받을 수 없습니다. 무디성경학원의 교장을 지낸 토레이(R. A. Torrey) 목사 역시 우리를 향해 이렇게 권면합니다.

"권능은 하나님께 속해 있다. 그런데 우리가 그 권능을 받는 데는 한 가지 조건이 있다. 그 조건이란 바로 하나님께 절대적으로 순종하는 것이다."

그러므로 우리는 하나님의 뜻을 구할 때 언제나 그 뜻에 순종할 수 있는 믿음도 함께 구해야 합니다. 우리가 하나님의 뜻을 알고, 그 뜻에 순종한다면 주님께서 언제나 우리를 만족과 안전으로 인도하실 것입니다.

오직 신뢰만으로

문제는 목자와 양 사이에 여전히 큰 갭(gap)이 있다는 사실입니다. 선한 목자가 양을 인도할 때 양은 갈 바를 전혀 알지 못합니다. 왜 가는지, 어디로 가는지, 언제 도착하는지 알지 못합니다.

단 한 가지 분명한 것이 있다면 양을 인도하는 목자, 그분께서 선하신 분이라는 사실뿐입니다. 그래서 양은 오직 목자를 신뢰하고 따라가야 합니다.

하박국 선지자는 앞이 보이지 않는 캄캄한 상황 속에서도 이스라엘의 목자 되신 하나님을 향한 신뢰를 꼭 붙들고 이렇게 찬양했습니다.

"비록 무화과나무가 무성하지 못하며 포도나무에 열매가 없으며 감람나무에 소출이 없으며 밭에 먹을 것이 없으며 우리에 양이 없으며 외양간에 소가 없을지라도 나는 여호와로 말미암아 즐거워하며 나의 구원의 하나님으로 말미암아 기뻐하리로다"(합 3:17-18)

우리 인생도 마찬가지입니다. 어디로 가는지, 왜 그리로 가는지, 왜 어려움이 있는지, 도대체 언제까지 가야 하는지 잘 알 수 없습니다. 단 한 가지 아는 것이 있다면 우리 주 예수님께서 선한 목자가 되어주신다는 사실뿐입니다.

만일 크리스천으로 살아가면서도 이런 신뢰가 없다면 그는 참 불행한 사람입니다. 예수 그리스도, 그분이 바로 여호와 하나님이시기에 우리의 모든 상황을 알고 인도하여 마침내 우리를 푸른 풀밭에 누이실 것입니다.

우리는 그저 묵묵히 매일 한 걸음 한 걸음씩 목자 되신 예수님의 인도를 따라가면 됩니다. 일찍이 우리에게 순교자적 신앙의 모범을 보여주신 손양원 목사님은 어떠한 상황에도 우리를 신실하게 인도하시는 주님의 은혜를 다음과 같은 시로 표현하셨습니다.

> 꽃이 피는 봄날에만 주의 사랑 있음인가
> 땀을 쏟는 염천에도 주의 사랑 여전하며
> 열매 맺는 가을에만 주의 은혜 있음인가
> 추운 겨울 주릴 때도 주의 위로 변함없네.
>
> —찬송가 541장

이처럼 우리는 상황이 여의치 않아도 하나님을 선한 목자로 믿고, 그분의 인도를 신뢰하며 기다려야 합니다. 물론 여전히 우리가 가야 할 길을 다 알지 못한다는 사실엔 변함이 없습니다. 어쩌면 기대했던 바와 정반대의 길로 갈지도 모릅니다. 자연히 불평과 원망, 좌절과 낙심을 겪게 될지도 모릅니다.

그때마다 우리가 잊지 말아야 할 다섯 가지가 있습니다.

- 판단하지 말아야 합니다.
  주님의 뜻을 부족한 나의 지식으로 판단하려 하지 말고 그럼에도 신뢰해야 합니다.

- 불평하지 말아야 합니다.

  자신의 생각대로 일이 진행되지 않는다고 불평하지 말고 그럼에도 감사해야 합니다.

- 두려워하지 말아야 합니다.

  불가능한 상황과 환경에 짓눌려 두려워하지 말고 그럼에도 담대해야 합니다.

- 안 된다고 하지 말아야 합니다.

  보이는 것만 바라보며 부정의 말을 하지 말고 그럼에도 긍정의 말을 해야 합니다.

- 낙심하지 말아야 합니다.

  조급한 마음을 가져 낙심하거나 좌절하지 말고 그럼에도 인내해야 합니다.

출애굽 때의 이스라엘 백성을 돌이켜봅시다. 그들은 하나님의 무한하신 은혜를 입고 이집트를 탈출하여 가나안 땅으로 나아가던 중 이 다섯 가지 때문에 그 첫 세대가 모두 광야에 뼈를 묻고 말았습니다.

"그들 가운데 어떤 사람들이 원망하다가 멸망시키는 자에게 멸망하였나니 너희는 그들과 같이 원망하지 말라"(고전 10:10)

이 다섯 가지 중에서 어떤 나쁜 습관을 가지고 있습니까? 속히 회개하고 버리시기 바랍니다. 오직 선한 목자이신 예수님을 신뢰하고 따르시기 바랍니다.

그리하여 주의 영, 성령께서 말씀으로 감화주실 때 믿고 따라갑시다. 그분을 전적으로 신뢰하고 따르십시다. 오늘도 선한 목자 예수님께서는 가장 좋은 것으로 우리를 인도하고 계십니다.

"이 하나님은 영원히 우리 하나님이시니 그가 우리를 죽을 때까지 인도하시리로다"(시 48:14)

생수, 목마름의 해갈이다

"쉴 만한 물가로 인도하시는도다"

오장이 타는 목마름

인간은 태어나는 순간부터 죽을 때까지 끊임없이 무언가를 추구하며 삽니다. 먹을 것을 구하고, 편안함을 구하고, 부모나 친구와의 따뜻한 관계를 구하고, 그밖에 소유, 건강, 자유 등 수없이 많은 것을 구하며 삽니다.

그야말로 무한대 갈망의 존재, 목마름의 존재가 바로 인간입니다. 그리고 이 목마름이 채워지지 않으면 결국 그것이 밖으로 쏟아져 짜증, 불평, 고함, 원망 등의 신음을 토해내는 것입니다.

하루는 지인을 만나기 위해 병원을 방문한 적이 있었습니다. 용무를 다 본 뒤에 저는 1층 로비로 다시 내려가기 위해 엘리베이터를 기다렸습니다. 분명히 내려가는 엘리베이터를 탔는데 어찌된 일인지 위로 올라가기 시작했습니다.

그러자 얼마 지나지 않아 엘리베이터 안에 있던 사람들은 저마다 불평 한마디씩 쏟아냈습니다.

"이 엘리베이터 미쳤나 봐."

"아니, 바빠 죽겠는데 왜 이러는 거야."

"아이 짜증나. 정말 미치겠네."

한 3, 4분밖에 지나지 않았지만, 그 좁은 공간에 있는 것이 민망할 정도로 각자 불평을 토해내었습니다. 저는 여러 가지 생각을 하게 되었습니다.

'왜 이렇게 아우성치는 것일까?'

'정말 시각을 다툴 만큼 그렇게 바쁜 일이 있는 것일까?'

그런데 1층에 도착하니 아무도 뛰어가는 사람이 없었습니다. 누구도 그렇게 분을 쏟을 만큼 화급을 다툴 만한 일은 없었던 것입니다.

그렇다면 그들은 왜 그리 불평을 쏟아낸 걸까요? 그들은 단지 3, 4분을 기다릴 만한 인생의 여유가 없었던 것입니다. 모두들 그 안에 말 못할 인생의 목마름이 있는 것입니다. 그 타는 목마름 때문에 자신도 모르게 짜증, 불평, 원망, 탄식이 새어나오고 있었습니다.

혹시 우리 중에도 무언가에 목말라 이처럼 고통을 토해내고 있는 이는 없습니까? 문제는 세상의 그 무엇으로도 이 갈증이 해소되지 않는다는 점입니다.

마치 갈증난다고 바닷물을 계속 들이켜 봤자 더 목마르게 되는 것처럼 오히려 구하면 구할수록, 소유하면 소유할수록, 올라가면 올라갈수록 더 아쉽고, 부족하고, 불만스럽고, 불안하고, 허무하고, 고통스럽게 될 것입니다.

한 국가를 다스리는 대통령이라면 만족할 수 있을까요? 아니면 나라의 경제를 좌지우지할 만한 재력가라면 충분할 수 있을까요? 그것도 아니라면 만인의 사랑을 받는 인기 스타라면 넉넉할 수 있을까요?

그러나 오늘날 들려오는 비보 가운데 대통령, 재력가, 인기 스타들의 이름이 빠지지 않는 것을 보면 그렇지도 않아 보입니다. 오히려 더 소유할수록, 더 배부를수록 인생의 갈증은 더욱 심해지는 법입니다.

타개 죽으로 끼니를 때우며
질긴 목숨 연명한다 해도
이런 허기는 아니었으리

칠월 백중 오밤중에

기우제 지내는 먼 산 징소리

애간장을 태워도

이런 기갈은 아니었으리

아 아, 뼈를 녹이는 배고픔

오장이 타는 목마름.

—이유진의 시, 타는 목마름

이처럼 인간 영혼의 깊은 곳에 있는 타는 목마름은 세상 무엇으로도 해갈할 방법이 없습니다.

그의 목마름으로 인한 해갈

그렇다면 과연 무엇으로 인생의 타는 목마름을 해갈할 수 있을까요? 시인 다윗은 말합니다.

"그가 나를 쉴 만한 물가로 인도하시는도다"(2절)

여기에서 그는 누구일까요? 바로 다윗의 선한 목자이신 여호와 하나님입니다. 그리고 이 여호와 하나님께서 오늘 우리를 위해 친히 선한 목자 예수님을 이 땅에 보내주셨습니다. 선한 목자 예수님은 언제든지 우리를 쉴 만한 물가, 영혼의 기갈을 해소하는 영원한 생수가 있는 곳으로 인도하십니다.

그 놀랍고도 영원한 샘터는 다름 아닌 갈보리 언덕의 십자가입니다. 그 십자가에서 우리 예수님은 갈증을 호소하셨습니다.

"내가 목마르다"(요 19:28)

그런데 역설적이게도 이 예수님의 갈증에는 우리 인생의 모든 목마름을 단숨에 해갈하는 신비가 담겨 있습니다. 예수님의 목마름에는 과연 어떤 신비가 있는 것일까요?

• 인간 체휼(體恤)의 목마름입니다.

예수님은 본디 성육신하신 하나님이시며 온전한 신성과 온전한 인성을 지닌 분이십니다. 그분은 하나님의 본체셨으나 인간의 몸, 육체를 가지고 세상에 오셔서 우리와 같이 배고파하셨고, 피곤해하셨고, 힘들어하셨고, 아파하셨습니다. 그리고 십자가에서 달려 운명하시기까지 사선을 넘나드는 고통을 당하며 목말라 하셔야 했습니다.

이처럼 예수님은 우리 인간의 모든 고통을 직접 몸으로 겪으셨기에 누구보다 우리의 아픔을 더 잘 이해하고 계십니다. 인간의 모든 고통을 스스로 체휼하신 선한 목자 예수님(히 4:15), 그분은 우리의 연약과 고통을 누구보다 잘 아시기에 기꺼이 우리를 품으시고 쉴 만한 생수의 물가로 초청하십니다.
"수고하고 무거운 짐 진 자들아 다 내게로 오라 내가 너희
를 쉬게 하리라"(마 11:28)

• 인간 대속(代贖)의 목마름입니다.

예수님의 십자가는 단지 인간의 고통을 경험한 것으로 끝
나는 무력한 것이 아니었습니다. 동시에 예수님의 십자가는
인간의 모든 죄와 허물, 연약과 질병을 대신 담당한 형벌 대
속의 사건이었습니다. 형벌 대속, 곧 예수님께서 나의 죄와
허물을 대신 지시고 십자가에 달려 돌아가신 것입니다.

이 예수님의 고통은 육체와 정신의 형벌뿐만 아니라 그 영
혼이 하나님께 완전히 버림받아(폐기처분) 지옥에 떨어지는
고통과 목마름으로써 이루 다 헤아릴 수 없는 것이었습니다
(막 15:34).

그러나 이 인간 대속의 목마름이 있었기에 우리는 죄 사함
받고, 치유, 회복되어 인생의 목마름에서 해방될 수 있게 되
었습니다. 그야말로 예수님께서 십자가에서 죄인이 되셨기
에 우리가 죄 사함 받았고, 예수님께서 고통당하셨기에 우리
가 회복되었고, 예수님께서 목마르셨기에 우리의 갈증이 해
갈되었고, 예수님께서 멸시와 천대를 받으셨기에 우리가 존

귀한 자가 되었고, 예수님께서 십자가에 죽으셨기에 우리가 다시 살 소망을 갖게 된 것입니다.

이 사실을 이사야 선지자는 다음과 같이 엄숙하게 선언합니다.

"그가 찔림은 우리의 허물 때문이요 그가 상함은 우리의 죄악 때문이라 그가 징계를 받으므로 우리는 평화를 누리고 그가 채찍에 맞으므로 우리는 나음을 받았도다"(사 53:5)

• 인간 구원(救援)의 목마름입니다.

예수님의 목마름은 전 인류를 구원으로 인도하기 위한 선한 목자 그리스도의 목마름이었습니다. 인류 구원에 대한 이 같은 예수 그리스도의 갈증이 없었다면 우리 중 누구도 죄를 용서 받고 하나님의 자녀가 될 수 없었을 것입니다.

요한복음 4장에는 수가성 여인의 이야기가 나옵니다. 그녀는 인생의 목마름으로 인하여 이미 다섯 번이나 결혼한 여인이었습니다. 그래서 누군가는 이 다섯 남편을 상징적으로 다섯 가지 세상의 가치인 건강, 재산, 지식, 명예, 권력으로 해석하기도 합니다.

어쨌든 본문을 읽다보면 우리는 그녀가 인생의 목마름을 해갈할 방법을 찾아다녔던 사람이라는 것을 한눈에 알아볼 수 있습니다.

그녀는 다 가져 보았지만 여전히 목말라 견딜 수 없었습니다. 방황, 불안, 허무를 안고 살던 그녀는 마침 아무도 물을 길러 오지 않은 외딴 시간에 우물에 왔다가 드디어 예수님을 만나게 되었습니다.

주님은 그녀의 타는 목마름을 아셨고, 그녀를 만나 생수를 부어주셨습니다. 그녀를 인생의 목마름으로부터 해갈시켜 주신 것입니다.

"이 물을 마시는 자마다 다시 목마르려니와 내가 주는 물을 마시는 자는 영원히 목마르지 아니하리니 내가 주는 물은 그 속에서 영생하도록 솟아나는 샘물이 되리라"(요 4:13-14)

오늘 세상에는 이 수가성 여인처럼 무언가에 목말라 신음하고, 탄식하며 살아가는 이들로 가득합니다. 그런데 감사하게도 예수님께서 인류 구원에 목말라 하시며 십자가에 달려 돌아가셨기에 우리 인생의 모든 목마름이 완전히 해갈되었습니다.

이 해갈의 은혜에 대하여 18세기 성경 주석가 매튜 헨리(Matthw Henry)는 '지옥으로 간 부자 이야기'(눅 16장)를 언급하며 이렇게 설명합니다.

"혀를 서늘하게 해줄 한 방울의 물을 간구하는 부자에게서 볼 수 있듯이, 지옥의 고통을 대표하는 것은 극심한 갈증이다. 만일 그리스도가 십자가 고난을 당하지 않으셨다면, 우리 모두가 그 영원한 갈증으로 고통당했을 것이다."

여기에 참으로 놀라운 역설이 있습니다. 왜냐하면 이로써 우리가 예수님에 목말라 하면 세상 무엇에도 목마르지 않는 해갈을 맛보게 되며, 우리가 예수님의 종이 되면 세상 무엇에도 매이지 않는 자유를 누리게 되었기 때문입니다.

예수님은 우리를 잠깐이 아닌 영원한 해갈, 구원으로 이끄십니다. 그래서 우리 영혼이 생수의 근원이신 예수님으로 채워지면 더 이상 세상 것에 목말라 하지 않게 됩니다. 상황에 상관없이 평안, 만족, 기쁨, 감사, 찬양이 흘러 넘칩니다.

모진 고생을 겪었지만 그 사랑의 생수를 맛보았던 사도 바울의 외침을 들어보십시오.

"항상 기뻐하라 쉬지 말고 기도하라 범사에 감사하라 이는 그리스도 예수 안에서 너희를 향하신 하나님 뜻이니라"(살전 5:16-18)

이처럼 선한 목자 예수님의 사랑은 지금도 우리 속에서 솟구치는 영원한 생수가 되어 우리를 행복으로 인도합니다.

사랑의 생수를 떠주라

뮤지컬 영화 중에 〈레미제라블(Les Miserables)〉이란 작품이 있습니다. 영국에 윌리엄 셰익스피어(William Shakespeare)가 있다면 프랑스에는 빅토르 위고(Victor Hugo)가 있다는 말이 있을 정도로 유명한 프랑스 국민 작가 위고의 소설을 배경으로 한 영화입니다.

극중에 등장하는 장발장은 참 순탄치 않은 인생을 살았던 인물입니다. 그는 굶주리는 조카들을 위해 빵을 훔치다가 붙잡혀 감옥에 갇히게 됩니다. 그리고 감옥에서 풀려난 후에는 전과자라는 이유 때문에 거처할 곳을 찾지 못하고 이리저리 떠돌게 됩니다.

어느 날 그는 신부의 사제관에서 하룻밤을 보내게 되었습니다. 그러나 그는 잠깐의 유혹을 이기지 못하고 그곳의 은그릇들을 훔쳐 달아나 버렸습니다.

그는 곧 경찰에 붙잡혔고, 다시 신부 앞으로 끌려오게 되었습니다. 그때 신부는 질문하던 경찰에게 이 물건들은 자신이 그에게 선물로 준 것이라고 설명하며 도리어 장발장에게 이렇게 물어봅니다.

"형제여, 왜 이 은촛대는 가져가지 않았는가?"

그리고는 장발장의 자루에 은촛대까지 마저 넣어 주었습

니다. 신부의 배려로 다시 풀려나 거리로 나온 그는 지금껏
어디서도 맛보지 못한 그 사랑의 생수로 인해 놀라고 감격하
여 눈물로 노래합니다.

내가 무슨 짓을 한 거지?

예수님, 제가 무슨 짓을 한 거죠?

나는 도둑이 되어 개처럼 달아났네

그러나 이 분은 나를 용서했네

내 영혼을 어루만지고, 사랑을 가르쳐 주었네

그는 나를 사람으로 대해 주었네

그는 그의 믿음을 주었네

그는 나를 형제라고 부르고, 나를 구원해 달라고 기도했네

어떻게 이런 일이 있을 수 있지?

그의 한마디가 나를 돌려놓았네

그는 나에게 자유를 주었네

이제 장발장은 없어

새로운 인생을 시작할 거야.

—영화 〈레미제라블〉 대사 중에서

장발장, 그는 한 신부를 통해 예수 사랑의 생수를 마시게

되었고, 곧 새로운 인생을 시작할 힘을 얻게 되었습니다. 이제 과거의 장발장은 죽었습니다. 선한 목자 예수님께서 한 신부를 통해 그를 쉴 만한 생수의 물가로 인도하셨습니다. 거기서 그는 영생하도록 솟아나는 생수를 마시고 만족하여 만나는 이웃들에게 영생의 생수를 나누는데 그의 일생을 바치게 되었습니다.

이 영화의 마지막 장면에서 그는 사랑하는 이들을 만족스러운 미소로 바라보며 숨을 거둡니다. 그리고 동시에 등장하는 한 명구는 우리 가슴에 깊은 여운을 남깁니다.

"To love another is to see the face of god(이웃을 사랑하는 자는 하나님의 얼굴을 본 것이다)."

생수의 강이 흐르는 교회

예수님을 믿으면서도 여전히 목이 말라 심한 갈증으로 고통받고 있지 않습니까? 그토록 오래 예수 믿고 교회를 다녔는데도 여전히 엘리베이터 속의 사람들처럼 3, 4분도 견딜 수 없어 "짜증나!" "죽겠다!" "미치겠다!"라며 신음을 토해내고 있지는 않습니까?

지금 우리 주님께서 당신을 쉴 만한 물가로 인도하십니다.

바로 갈보리 언덕에 세워진 십자가입니다. 십자가는 단순한 장식이 아닙니다. 십자가는 사랑으로 오신 하나님 자신의 목마름이었습니다. 바로 인간 체휼의 목마름이요, 인간 대속의 목마름이요, 인간 구원의 목마름입니다.

선한 목자 예수님께서 이 십자가에서 "내가 목마르다"라고 하시며 죽기까지 우리를 사랑하셨기에 마침내 우리가 쉴 만한 물가로 나아가게 된 것입니다.

이 사실에 대해 휘튼대학의 총장을 지낸 필립 라이큰(Philip Ryken) 목사는 아주 분명하게 이야기합니다.

"목마르신 그리스도를 십자가에서 만나라. 그러면 당신의 영혼은 다시는 목마르지 않을 것이다."

이 하나님의 목마름으로 인해 우리의 영혼은 쉴 만한 물가로 나아와 해갈을 누리게 되었습니다. 이제 예수 그리스도의 십자가에서 우리를 시원케 하는 영원한 생수가 끝없이 흘러나옵니다. 그리고 지금도 선한 목자 예수님은 큰 소리로 우리를 부르고 계십니다.

"누구든지 목마르거든 내게로 와서 마시라 나를 믿는 자는 성경에 이름과 같이 그 배에서 생수의 강이 흘러나오리라"(요 7:37-38)

십자가에서 발원한 사랑의 생수가 이 시대, 이곳까지 흘러

교회라는 생수의 강을 이루게 되었습니다. 교회는 이 생수를 목마른 이들에게 값없이 나누어 세상의 목마름을 해갈하는 공동체입니다. 누구든 이 사랑의 물가로 나아오면 사랑의 생수로 충만하게 될 것입니다.

하루는 김강훈 화가의 〈고요와 울림〉 전시회에 가게 되었습니다. 벽마다 걸린 50여 점의 작품 중에서도 유독 '갈보리산'이라는 작품이 눈길을 끌었습니다.

그동안 십자가에 관한 숱한 그림들을 보아왔지만 이 작품은 십자가를 추상적으로 표현했기에 누구나 나름대로 신앙적 해석이 가능했습니다(그림 참조).

보라색으로 표현된, 십자가에서 흘러내린 예수님의 거룩한 피는 생수의 강을 이루어 온 우주를 적시고 마침내 저의 심령까지 흘러들었습니다.

그러자 이제 나는 죽고 내 안에 계신 그리스도와 함께 살게 되어 모든 것이 은혜요, 평안이 되었습니다. 갈보리 산에서 흘러나온 이 사랑의 생수에 대해 시인은 이렇게 노래합니다.

마음의 끌림으로 겟세마네에 가본다
주님이 우리를 위해 피땀을 흘리시며 두 손 모아 기도하신다

김강훈 화가의 '갈보리 산'

갈보리에 가보았다

강도의 십자가는 없지만

주님은 아직도 그곳에서 붉은 피를 흘리고 계신다

주님은 말씀하신다

그런데 귀먹은 나는 주님의 음성을 듣지 못한다

지나가는 고통인 줄 알았다

나의 행복을 바라보았다

하늘의 주만을 바라보았다

그러나 그 어두운 갈보리에는 지금도 붉은 피가 흐른다

아무도 보지 않는 그곳에서 아무도 듣지 못하는 이 순간에도

주님은 신음 속에서 말씀하신다

나의 고통으로 너희는 영원히 행복하여라.

— 김강훈의 시, 갈보리 산

부족하지만 이제부터라도 우리 시대의 신음하는 장발장들에게 예수 사랑의 생수를 온몸으로 나누며 살아갑시다. 그리고 누구든지 이 생수의 강으로 기꺼이 초대합시다. 우리 주님께서 베푸시는 사랑의 생수는 모든 이들의 갈증을 해갈하고도 흘러넘쳐 우리 모두를 풍성케 할 것입니다.

"이 물을 마시는 자마다 다시 목마르려니와 내가 주는 물을 마시는 자는 영원히 목마르지 아니하리니 내가 주는 물은 그 속에서 영생하도록 솟아나는 샘물이 되리라"(요 4:13-14)

2

새로운 일상을
시작하셨습니까?

회복, 전인적인 살아남이다

"내 영혼을 소생시키시고"

아침마다 경험하는 신비

현대인처럼 바쁘게 사는 사람들도 드물 것입니다. 특히 우리나라처럼 근면, 성실을 강조하는 문화에서는 아침 일찍 일어나서 밤늦도록 일하는 것이 미덕처럼 여겨 온 것이 사실입니다.

오죽하면 '저녁이 있는 삶'이란 말이 나왔을까요? 밖에 나가 일을 하는 어른들을 제쳐두더라도 어린아이들까지 사교육 열풍에 휩쓸려 한밤중이 되어서야 집에 들어오니 참으로 안타까운 현실입니다.

이렇게 숨 쉴 틈 없이 바쁘게 살다보면 피로와 스트레스가 점차 쌓이게 됩니다. 그리고 누적된 피로와 스트레스가 제 갈 곳을 찾지 못하면 결국 각종 질병이나 문제로 터져 나오게 되는 것이지요.

이는 목회자도 예외일 수 없습니다. 흔히 '목사'하면 어딘가 평온하고, 차분한 생활을 할 것이라고 기대하겠지만 그의 일상 또한 녹록치 못한 것이 현실입니다.

다음은 제가 늘 기록하고 있는 영성일기 중에서 한 주간에 있었던 주요 사건만 간략하게 발췌한 것입니다.

월요일　하루 종일 목회자를 위한 설교 세미나를 진행했다. 진행 도중 어머니로부터 아버지께서 위급하시다는 전화가 왔으나 하던 일이 있어 바로 출발할 수는 없었다. 그래서 어머니께 죄송하지만 119로 연락해 병원에 모시고 가라고 말씀 드렸다.

화요일　모 기도원에서 집회를 인도했다. 오후에 집회를 마치자마자 부리나케 차를 몰아 아버지가 계신 병원 응급실로 향했다. 밤늦게까지 아버지와 함께 병원에 있다가 중환자실에 들어가시는 것을 보고서야 집으로 돌아왔다.

수요일　오늘은 불가피한 상황으로 부모님 거처를 도봉동에서 인천으로 이사해야 하는 날이다. 아내는 도봉동으로 가서 이사를 돕고, 나는 병원 일을 처리하기로 했다. 오늘은 수요일이기에 모든 일을 처리하면서도 동시에 수요 예배를 준비하고, 말씀을 전했다.

목요일　주보에 들어갈 목장 이야기를 작성하고, 설교를 구상한 뒤 긴급한 교우를 심방했다. 오후에는 아버지의 상태가 호전되어 중환자실에서 일반 병실로 옮겨 드렸다.

금요일　검사 결과 아버지의 병명은 위암이었다. 그러나 아버지께서는 지금껏 은혜로 살았으니 수술하지 않고 남은 날 동안 감사와 기도로 살겠다고 하셔서 수술을 하지 않기로 결정했다.

토요일　병원에서 퇴원하신 아버지를 모시고 집으로 돌아왔다.

이밖에 문장들 사이마다 수많은 일과들이 생략되어 있습니다. 저 역시 한 주가 어떻게 지나가는지도 모를 만큼 바쁘게 살아갑니다.

이런 어렵고 복잡한 와중에도 저는 목사이기에 무엇보다 설교를 소홀히 준비해서는 안 됩니다. 그런데 몸과 마음이 지쳐 좀처럼 설교가 잘 풀리지 않았습니다. 그 주간의 금요일 늦은 밤, 일과를 마치고 침대에 몸을 누이자 입에서 절로 신음소리가 새어 나왔습니다.

"아이고~ 아이고~"

그래도 잠들기 전에 잠시 정신을 차려 주님께 기도드렸습니다.

"오늘도 은혜로 살았습니다! 감사합니다! 주의 나라 주의 뜻 이루어주소서."

그런데 어느덧 아침이 찾아와 눈을 떠보니 놀라운 일이 일어났습니다. 새날이었습니다. 몸이 가뿐했습니다. 하나님께서 저에게 다시 새 힘을 주신 것입니다.

그래서 큰소리로 외쳤습니다.

"아, 행복한 새날입니다! 감사합니다!"

"오늘도 십자가 사랑으로 살겠습니다!"

그 길로 교회 사무실로 달려와 성경을 펼쳤습니다. 그러자 드디어 영적 회복이 이루어지고, 샘솟는 기쁨과 여유를 가지고 설교를 작성할 수 있었습니다. 시편 23편의 말씀대로 선한 목자 예수님께서 저의 영혼을 다시 소생시켜 주셨습니다.

이렇듯 매일의 삶이 바쁘고 고단하지만 그럼에도 고백할 수 있습니다.

"그 사랑, 그 자비 아침마다 새롭고 그 신실하심 그지없어라."(애 3:23 공동번역)

온종일 신음했던 다윗

다윗의 일생을 살펴보면 그 역시 영혼이 거의 죽을 것처럼 쇠약해진 때가 있었습니다. 바로 그가 깊은 범죄 가운데 있었을 때입니다.

그는 충신 우리야의 아내 밧세바를 범했고, 이어서 그 사건을 은폐하기 위해 우리야를 전쟁의 최전방에 보내어 죽이는 간접 살인을 저질렀습니다.

하나님께서는 곧바로 나단 선지자를 보내 다윗의 추악한 죄를 지적하고 책망하셨습니다. 그러자 다윗은 망설임 없이 그 자리에서 즉시 회개했습니다. 나단 선지자는 그에게 사죄를 선언했고, 이어서 그의 범죄에 대한 징계도 선포했습니다.

바로 밧세바와의 사이에서 태어난 첫 번째 아이가 심한 질병에 걸리게 된 것입니다. 다윗은 아이를 위해 식음을 전폐하며 하나님께 간구했습니다.

"다윗이 그 아이를 위하여 하나님께 간구하되 다윗이 금식하고 그 안에 들어가서 밤새도록 땅에 엎드렸으니"(삼하 12:16)

아무 죄 없는 어린 자녀가 아비의 범죄로 인해 죽을 위기에 처하자 다윗은 그야말로 뼈가 녹는 심정으로 하나님께 나아갔습니다. 그리고 자신의 죄를 통곡하며 아이를 살려달라고 하나님께 눈물로 기도를 올렸습니다.

이때 다윗의 영혼 상태를 아주 잘 보여주는 것이 시편 32편입니다.

"밤낮으로 당신 손이 나를 짓눌러 이 몸은 여름 가뭄에 풀 시들듯, 진액이 다 말라빠지고 말았습니다."(시 32:4 공동번역)

신비한 명약 처방

그러나 이런 상황 속에서도 다윗은 선한 목자 여호와께서 그의 영혼을 다시 소생시켜 주시는 은혜를 경험합니다.

"내 영혼을 소생시키시고"(3절)

어릴 때, 키우던 양이 저를 피해 어디론가 사라진 적이 있었습니다. 한참 찾아보니 양은 저 멀리 외진 곳의 아주 얕은 웅덩이에 빠져 뒤집혀 있었지요. 양은 네 다리를 뻗은 채 하늘을 향해 허우적거리며 기진맥진 지쳐 죽어가고 있었습니다.

나이가 어렸던 저는 혼자 무거운 양을 꺼낼 수 없어서 어른들을 모셔 왔고, 간신히 양을 살려낼 수 있었습니다.

우리도 종종 어리석은 양처럼 하나님을 피해 제멋대로 살다가 인생이 뒤집혀 탈진한 채 아무것도 하지 못하고, 탄식하며 허우적거릴 때가 있습니다. 그러나 발버둥치면 칠수록 더 지치고 고통스러워질 뿐입니다.

이때 도와줄 수 있는 사람은 아무도 없습니다. 부모, 가족, 형제, 친구, 혹은 그 누구도 그 무엇도 나를 도울 수 없습니다. 그래서 저는 이럴 때마다 선한 목자 되신 예수님의 은혜를 구하며, 시편 23편을 즐겨 암송하고 묵상합니다.

미국 휴스턴 제일감리교회 찰스 알렌(Charles L. Allen) 목사가 책을 통해 간증한 내용입니다.

하루는 사회적으로 성공한 대기업의 사장이 알렌 목사를 찾아와 상담을 요청했습니다. 그는 원인을 알 수 없는 질병으로 고생하고 있었는데, 주치의가 백방으로 치료해 보았지만 모든 것이 허사였습니다.

두 사람은 마주 앉아 장시간 대화를 나누었습니다. 그리고 대화를 마치자 마침내 알렌 목사는 그에게 약을 지어주며 처방을 내렸습니다.

"이 약은 매일 다섯 번씩, 일주일을 꼬박 먹어야 합니다. 약을 한번에 다 먹어선 안 되고, 건너뛰어도 안 되요. 꼭 아침에 일어나서 한 번, 식사 때마다 한 번, 그리고 잠자기 전에 한 번 더 드세요."

사장은 집에 가서 약 봉투를 꺼내보았습니다. 그 속에는 작고, 네모난 종이에 시편 23편이 전부 기록되어 있었습니다. 그는 이것을 하나님이 주신 처방이라고 믿고, 하루에 다섯 번씩 꼬박꼬박 읽었습니다.

아침에 일어나서 가장 먼저 그 시편을 읽었습니다. 아침, 점심, 저녁 식사 후에 만사를 제쳐놓고 조용히 시편을 읽었습니다. 그리고 잠자기 전에 또 다시 읽었습니다.

이렇게 시편 23편을 매일 읽고, 암송하고, 묵상하는 동안 그는 비로소 하나님을 목자라고 믿게 되었습니다. 그러자 마음에 평안이 찾아왔습니다. 시편 23편 말씀이 그대로 그의 고백이 된 것입니다. 더불어 그는 자신도 모르는 사이에 질병으로부터 치유되어 행복과 건강을 누리게 되었습니다.

몹시 긴박한 상황에서 우리를 구원해 줄 분은 오직 한 분, 선한 목자 되신 우리 주 예수님밖에는 없습니다(요 10:9). 실제로 저 역시 중한 병에 걸린 분들이나 근심과 걱정으로 잠 못 이루는 분들에게 '시편 23편 처방'을 내리면 그 치유와 회복의 효과가 참으로 탁월함을 깨닫습니다.

혹시 해결되지 않는 근심, 걱정, 질병이 있다면 알렌 목사님의 처방대로 매일 다섯 번 씩 일주일 동안, 시편 23편을 묵상하고 기도해 보세요. 놀라운 주의 위로와 회복이 있을 것입니다.

다윗에게 배우는 소생의 은혜

그렇다면 선한 목자 예수님께서는 죽게 된 우리를 어떻게 소생시키실까요? 그 소생의 신비를 다윗의 모습에서 배워보고자 합니다.

• 죄악을 인지하게 하십니다.

하나님께서는 가장 적절한 때 나단 선지자를 다윗에게 보내어 그의 죄악을 지적하셨습니다. 그러자 다윗은 죄를 은폐하거나 변명하지 않고, 곧바로 정직하게 자백합니다.

"내가 여호와께 죄를 범하였노라"(삼하 12:13)

우리가 크리스천으로 살아가면서 저지르는 가장 큰 실수는 죄를 짓는 것이 아니라, 하나님께서 말씀을 통해 우리의 죄를 지적하실 때 그것을 정직하게 회개하지 않는 것입니다. 죄의 묘한 점은 죄를 짓고 있는 동안에는 그것이 죄라고 느껴지지 않는다는 데 있습니다. 오히려 야릇한 쾌감, 만족감, 성취감을 갖게 만듭니다.

다윗 역시 죄를 짓고 있는 동안에는 스스로 죄를 짓고 있다고 느끼지 못했습니다. 도리어 왕이라고 느꼈습니다. 왕으로서 이 정도는 당연히 할 수 있다고 생각했습니다. 그러나 하나님께서 나단을 통해 죄라고 지적하시자 놀랍게도 그는 죄를 죄로 인식하고, 정직하게 회개했습니다.

"나의 반역을 내가 잘 알고 있으며, 내가 지은 죄가 언제나 나를 고발합니다. 주님께만, 오직 주님께만, 나는 죄를 지었습니다."(시 51:3-4 공동번역)

이처럼 우리도 말씀을 통해 성령께서 마음에 지적하시는 죄가 생각나거든 망설이지 말고 정직하게 회개해야 합니다. 하나님 앞에서 죄를 자인해야 합니다.

20세기의 저명한 신학자 존 스토트(John Stott)는 저서『너의 죄를 고백하라』에서 회개의 중요성을 이렇게 말하고 있습니다.

"하나님이 주시는 죄 사함은 인간의 죄 고백이라는 조건을 전제로 한다."

이는 우리 죄의 심각성과 함께 죄 사함의 인격성을 아주 잘 설명하고 있습니다. 지금도 하나님은 우리의 회개를 원하십니다. 따라서 할 수 있는 대로 하나님 앞에 정직하게 회개해야 합니다. 그래야 그대로 망하지 않고 다시 소생하는 은혜를 입을 수 있습니다.

다윗의 간절한 기도에도 불구하고 결국 중병에 걸린 아이는 죽고 말았습니다. 그러자 이 소식을 듣게 된 다윗은 일어나 몸을 씻고, 의복을 갈아입고, 하나님께 경배하고 나서 음식을 차리게 하여 밥을 먹고, 다시금 새롭게 일상을 시작했습니다(삼하 12:20).

어떻게 이런 태도가 가능한 것일까요? 이것은 그가 더 이상 상황에 매이지 않았기 때문입니다.

어려운 오늘의 환경을 보면 누구나 한숨과 탄식만 쏟아낼 수밖에 없습니다. 그러나 다윗은 아이가 죽었다는 소식을 듣자 인간이 어찌할 수 없는 상황에 매이지 않고 더욱더 하나님을 바라보았습니다.

"내가 이르기를 내 허물을 여호와께 자복하리라 하고 주께 내 죄를 아뢰고 내 죄악을 숨기지 아니하였더니 곧 주께서 내 죄악을 사하셨나이다 (셀라) 이로 말미암아 모든 경건한 자는 주를 만날 기회를 얻어서 주께 기도할지라 진실로 홍수가 범람할지라도 그에게 미치지 못하리이다 주는 나의 은신처이오니 환난에서 나를 보호하시고 구원의 노래로 나를 두르시리이다 (셀라)"(시 32:5-7)

이것이 바로 믿음입니다. 그래서 제가 주변 사람들에게 자주 하는 말이 있습니다.

"해석을 잘하는 것이 믿음 좋은 것이다."

신앙의 차이는 다름 아닌 해석의 차이에서 드러납니다. 그래서 똑같은 상황에서도 어떤 사람은 계속 속상해 하고, 억울해 하고, 애통한 상황에 매여 죽어가는 반면 어떤 사람은 하나님을 바라보고, 주의 약속의 말씀을 붙잡고, 마침내 소생하는 일이 일어납니다.

우리도 이와 같은 믿음을 다윗에게서 배워야 합니다. 산다는 것은 누구나 다 아프고, 힘들고, 어렵고, 절망스러운 것입니다. 그럼에도 주의 말씀을 붙들고 믿음으로 해석하여 나가면 상황을 이기고 다시 소생하는 은혜를 경험할 수 있습니다.

• 성령으로 동행하여 주십니다.

다윗이 믿음으로 행할 수 있었던 것은 그의 탁월함이나 훌륭함 이전에 하나님께서 언제나 함께 하셨기에 가능한 일이었습니다. 하나님께서는 그를 택하시고, 평생 동안 늘 함께 하셨습니다.

비록 다윗이 이 사실을 인지하지 못하고 잊고 살 때에는 죄악으로 굴러 떨어져 허우적대야 했지만, 그가 임마누엘 하나님을 늘 생각하고 일상에서 하나님과 동행했을 때에는 가는 곳마다 승리의 삶을 살게 되었습니다.

"다윗이 어디로 가든지 여호와께서 이기게 하시니라"(삼하 8:6)

그리스도인 역시 매일 일상에서 하나님을 경험하고 동행하는 사람들입니다. 우리는 입술로만 떠드는 추상적인 하나님이 아니라 매일 일상에서 하나님을 알고, 느끼고, 보고, 체험하는 사람들인 것입니다.

제임스 패커(James Packer)는 우리에게 멋진 말을 남겼습니다.

"하나님을 아는 것과 하나님에 대해 아는 것은 차이가 있다. 그 차이가 우리의 신앙을 결정한다."

자신을 돌아보십시오. 나는 하나님을 아는 것인가 아니면 하나님에 대해 아는 것인가? 신앙생활을 오래 하면서도 하나님에 대해 아는 것만 늘어나면 자칫 교만, 판단, 무례, 불만, 불평, 권태로 빠져들기 쉽습니다. 우리는 무엇보다 하나님을 알아야 합니다.

사실 우주만물을 지으신 하나님을 안다는 것은 우리의 능력으로 불가능한 일입니다. 우리의 평생을 다 바쳐도 할 수 없는 일입니다. 마치 심해의 깊은 바다처럼 하나님은 알아도, 알아도 다 알 수 없는 끝없는 신비와 지혜로 가득한 분이십니다.

따라서 우리가 하나님을 매일 일상에서 조금씩 더 알아가는 과정은 매우 신비하고, 감격스럽고, 황홀함이 가득한 일입니다. 우리는 그저 매일매일을 그분이 보여주시는 만큼, 일러주시는 만큼 경험하며 그분을 알아갑니다. 그리고 이 하나님과의 행복한 동행을 일상에서 누리는 자만이 다시 소생하는 하나님의 은혜도 경험할 수 있는 것입니다.

"하나님께 가까이 함이 내게 복이라 내가 주 여호와를 나의 피난처로 삼아 주의 모든 행적을 전파하리이다"(시 73:28)

매일의 동행을 위하여

살다 보면 종종 우리 역시 구덩이에 뒤집힌 양처럼 인생이 뒤집혀 아무것도 못하고 그저 탄식만 쏟아낼 때가 있습니다. 이때는 누구도 도울 자가 없습니다. 오직 한 분, 선한 목자 예수님만이 나를 도우실 수 있습니다.

무엇보다 정직하게 하나님께 회개합시다. 믿음으로 하나님을 바라봅시다. 일상에서 하나님과 동행합시다. 이렇게 늘 하나님과 동행하게 되면 어떤 상황이든지 다시금 소생하는 은혜를 경험하게 될 수 있습니다.

그렇다면 우리는 일상에서 구체적으로 어떻게 하나님과 동행할 수 있을까요? 저의 방법은 매일 영성일기를 기록하는 것입니다. 하루를 마감하는 밤 시간에 따로 시간을 내어 기도하는 마음으로 오늘 하루를 돌아보고, 영성일기를 쓰면 다음과 같은 큰 유익이 있습니다.

- 오늘 베풀어주신 은혜를 생각하고, 감사하고, 행복하게 된다.
- 오늘의 실수와 잘못은 없는지 성찰하고 회개하게 된다.
- 매일의 회개와 감사로 인해 신앙과 인품이 점차 성숙해진다.
- 매일의 일상에서 하나님과 친밀히 동행하게 된다.
- 후에 영성일기를 다시 읽고, 믿음의 교훈과 용기를 얻게 된다.

오늘부터 영성일기 쓰기를 시작해 보는 것은 어떨까요? 매일 쓰면 좋겠지만 처음부터 무리하지 말고, 주 2~3회 정도씩 쓰다가 점차 늘여가는 것이 좋습니다.

이렇게 글로 기도를 새기고, 하루를 돌아보고, 성찰하는 시간을 꾸준히 갖게 되면 영성의 내공이 차츰 쌓이게 될 것입니다.

그래서 일상의 당연한 것들이 더 이상 당연하지 않으며, 그 안에서 하나님의 은혜를 발견하게 되고, 마침내 매일 아침 맞이하는 소생의 신비가 무엇인지 맛보게 될 것입니다.

"그 사랑, 그 자비 아침마다 새롭고 그 신실하심 그지없어라"(애 3:23 공동번역)

구원, 예수 그 이름이다

"자기 이름을 위하여"

아름다운 저마다의 이름들

우리는 태어나면서부터 저마다 이름이 있고, 그 이름으로 살아갑니다. 무엇을 하든 그 이름으로 하고, 그 이름이 새겨집니다. 죽는 날까지 그 이름으로 삽니다. 아니, 심지어 죽어서도 그 이름으로 기억됩니다. 그래서 우린 잘 살아야 합니다. 죽어도 이름은 남겨지기 때문입니다.

뿐만 아니라 한 사람을 만나는 것 또한 이름과 함께 이루어집니다. 이름을 부르며 그를 알아갑니다. 이름을 부르며 그를 생각합니다. 이름을 부르며 그를 위해 기도하고, 이름을 부르며 그와 더욱 친밀해지고, 이름을 부르며 우린 영원을 살아갑니다.

만약 이름이 없다면, 또 그 이름을 누군가 불러주지 않는다면 우리의 삶은 도대체 무슨 의미가 있을까요? 시인 윤동주는 '별 헤는 밤'이라는 시에서 저마다의 아름다운 이름들을 추억했습니다.

> 어머님, 나는 별 하나에 아름다운 말 한마디씩 불러 봅니다. 소학교 때 책상을 같이 했던 아이들의 이름과 패(佩), 경(鏡), 옥(玉) 이런 이국 소녀들의 이름과, 벌써 아기 어머니 된 계집애들의 이름과, 가난한 이웃 사람들의 이름과, 비둘기, 강아지, 토끼, 노새, 노루, '프랑시스 잠' '라이너 마리아 릴케' 이런 시인의 이름을 불러 봅니다.
>
> 이네들은 너무나 멀리 있습니다. 별이 아스라이 멀 듯이,
>
> 어머님, 그리고 당신은 멀리 북간도에 계십니다.
>
> —윤동주의 시, '별 헤는 밤' 중에서

이처럼 다정하게 누군가의 이름을 기억하고 부를 수 있다는 것, 그것이 사랑이요 행복입니다. 아마 우리의 생애에도

가족, 연인, 친구, 동료 등 저마다 아름다운 이름들이 있을 것입니다.

그러므로 우리는 할 수 있는 대로 자주 서로의 이름을 떠올리며 기도하고, 만날 때에 서로 이름을 부르며 격려하고, 더욱 사랑할 수 있어야 하겠습니다.

놀라운 그 이름

우리가 함께 부를 수 있는 이름, 그중에서도 가장 경이롭고 신비한 이름이 바로 하나님의 이름입니다. 하나님께서는 친히 자신의 이름을 우리에게 계시하셨습니다.

인간의 한계성을 지닌 우리는 차마 그 이름을 알 수 없지만 천지를 창조하신 하나님, 우주보다 크신 하나님께서 친히 우리에게 자신의 이름을 알려주셨습니다.

구약성서에는 다음과 같이 다양한 하나님의 이름들이 계시되어 있습니다.

- 여호와 – 스스로 계시는 창조주요 언약의 하나님(출 3:14)
- 여호와 이레 – 미리 예비하시는 하나님(창 22:14)
- 여호와 라파 – 치료하시는 하나님(출 15:26)
- 여호와 닛시 – 승리케 하시는 하나님(출 17:15)

- 여호와 샬롬 - 평강을 주시는 하나님(삿 6:24)

- 여호와 로이 - 목자 되시는 하나님(시 23:1)

- 에벤에셀 - 여기까지 우리를 도우신 하나님(삼상 7:12)

오늘도 우리는 때마다 시마다 이와 같이 역사하시는 하나님을 믿음으로 체험하고, 감격하며 눈물을 흘리곤 합니다.

그런데 신비한 것은 이처럼 다양한 하나님의 이름들이 신약성서에 이르러 단 하나의 이름으로 초점이 모아진다는 것입니다. 바로 '예수 그리스도 임마누엘'입니다(마 1:21, 23).

예수는 당시 흔히 불리던 한 사람에 대한 호칭입니다. 그리스도는 기름부음을 받은 자(메시야)라는 뜻으로 하나님이 선택하신 왕, 선지자, 제사장 등의 직분에 관련된 호칭입니다. 그리고 이 예수 그리스도가 임마누엘, 곧 하나님이 우리와 함께 하시는 놀라운 은혜를 가져오셨습니다.

예수 그리스도 임마누엘이란 이름에는 하나님의 크고 신비한 은혜가 계시되어 있습니다. 왜냐하면 예수는 곧 임마누엘(우리와 함께 하시는 하나님)이고, 임마누엘은 곧 예수(구원)이기 때문입니다. 그래서 예수를 그리스도로 만나게 된 사도 바울은 요엘 선지자의 말씀을 따라 이렇게 선언할 수 있었습니다.

"누구든지 주의 이름을 부르는 자는 구원을 받으리라"(롬 10:13)

구원을 주는 새 이름, 그것은 바로 예수 그리스도 임마누엘입니다. 누구든지 예수 그 이름을 부르는 자는 임마누엘 은혜로 인생의 모든 문제들(죄, 불안, 병고, 사탄, 죽음)로부터 자유하고, 마침내 행복을 누릴 수 있게 됩니다.

예수 임마누엘 그 이름 때문에

살다보면 누구나 이런저런 이유로 영적 침체가 찾아오곤 합니다. 이런 영적 침체 상태에 빠지게 되면 아무리 애를 쓰고 힘을 내려 해도 기운이 없고, 만사는 귀찮고, 자주 불안하고, 좌절하기 쉽습니다.

이것은 비단 우리만의 일이 아니며, 모든 인생들 심지어 모세, 엘리야, 다윗 같은 신앙의 거장들도 모두 겪었던 일입니다. 그러나 이런 침체 가운데에서도 하나님께서는 우리를 다시금 소생시키십니다.

이처럼 하나님께서 우리를 소생시키는 이유는 무엇일까요? 크게 두 가지인데, 하나는 우리를 살리시는 분이 오직 여호와 하나님이심을 알게 하여 고백하게 하시기 위함이고, 또 하나는 우리를 살리셔서 남은 생애 동안 구원하신 하나님의 이름을 위하여 살게 하시기 위함입니다.

"자기 이름을 위하여"(3절)

저 역시 살면서 이런저런 이유로 종종 침체를 겪곤 했습니다. 그러나 그때마다 다시 소생시키시는 하나님의 은혜를 경험하게 되자 자연스레 그분의 이름을 높이고 찬양할 수밖에 없었습니다.

몇 가지 예를 들어봅니다.

독일 유학을 가서 한동안 갈 바를 알지 못하고, 방황하며 침체를 겪은 일이 있었습니다. 그러나 하나님께서 앞서서 저의 길을 인도하셔서 먼저 독일 신학을 공부하게 하신 후에 그 다음으로 한인 교회를 목회하게 하셨습니다.

그리고 가장 적절한 때 귀국하여 부목사로 사역하게 되었습니다. 그야말로 여호와 이레, 미리 준비하시는 하나님을 찬양합니다.

그런데 얼마 지나지 않아 부목사로 사역하던 교회에서 사임하게 되었습니다. 저는 다시 침체의 상태에 빠졌습니다. 그러나 하나님께서는 미리 예비된 분들을 만나게 하셔서 성경공부를 인도하게 하셨고, 필요한 모든 것을 공급해 주셔서 마침내 서초교회가 탄생하게 되었습니다. 여호와 로이, 저의 선한 목자가 되어주시는 하나님을 찬양합니다.

하지만 침체는 또다시 찾아왔습니다. 한 교회에서 십여 년 목회하다보니 언제부터인가 아무리 애를 써도 지쳐가고, 열심을 내어도 속사람은 더 공허해지는 상태에 빠졌습니다. 그러나 하나님께서 안식년을 통해 새로운 힘과 평안을 주셔서 다시 교회로 돌아올 수 있었습니다. 여호와 샬롬, 모든 일에 평강을 주시는 하나님을 찬양합니다.

오늘 우리의 문제는 무엇일까요? 바로 하나님을 믿는다고 말은 많이 하면서도 정작 예수 그 이름의 능력을 맛보지 못하고, 예수 그 이름을 신뢰하지 않으며, 예수 그 이름을 위하여 살지 않는다는 것입니다.

지금 당신은 무엇을 신뢰하며 살고 있습니까? 혹시 재물, 지위, 성공, 직업, 가족, 친구 같은 것은 아닌가요? 그러나 이런 것들로는 영적 침체가 회복되지 않습니다. 점점 더 깊은 미궁으로 빠져들어 허우적거릴 뿐입니다.

다른 길은 없습니다. 바로 '예수 그리스도 임마누엘' 그 이름을 붙잡고, 기도하고, 찬송해야 합니다. 예수 그 이름으로 기도하면 하나님은 그 이름 때문에 우리를 침체의 늪에서 건지시고, 마침내 그 이름을 위하여 살게 하십니다.

제가 침체의 늪에 빠질 때마다 큰 위로와 힘을 주는 시편과 찬송이 있어서 소개해 봅니다.

먼저 시편입니다.

"여호와께서 자기 백성에게 힘을 주심이여 여호와께서 자기 백성에게 평강의 복을 주시리로다"(시 29:11)

"내 영혼아 네가 어찌하여 낙심하며 어찌하여 내 속에서 불안해 하는가 너는 하나님께 소망을 두라 나는 그가 나타나 도우심으로 말미암아 내 하나님을 여전히 찬송하리로다"(시 42:11)

"내가 두려워하는 날에는 내가 주를 의지하리이다 내가 하나님을 의지하고 그 말씀을 찬송하올지라 내가 하나님을 의지하였은즉 두려워하지 아니하리니 혈육을 가진 사람이 내게 어찌하리이까"(시 56:3-4)

그 다음은 찬송입니다.

"슬픈 마음 있는 사람"(찬송가 91장)

"예수는 나의 힘이요"(찬송가 93장)

"내 모든 시험 무거운 짐을"(찬송가 337장)

어떤 구절이든, 어떤 찬송이든 관계없습니다. 이렇게 예수 임마누엘 그 이름을 의지하고 고백하고 찬송하고 기도하다 보면 그 즉시 상황이 호전되진 않더라도, 또 곧바로 침체에서 벗어나진 않더라도, 어느 순간 그 이름의 능력을 경험하게 되어 마침내 그 이름을 위하여 살게 될 것입니다.

주의 이름에 대한 태도

다윗의 인생을 가만히 살펴보면 그의 인생 역시 하나님의 이름에 대한 태도에 따라 흥망성쇠(興亡盛衰)가 좌우되었음을 알 수 있습니다.

그가 믿음으로 하나님의 이름을 높이고 그 이름을 위하여 살 때는 하나님께서 그를 높여주셨지만, 그가 불신앙으로 하나님의 이름을 무시하고 제 이름을 높이려 했을 때는 징계를 피할 수 없었습니다.

다윗이 믿음으로 하나님의 이름을 높였던 대표적인 경우가 있다면 그것은 무명의 소년 시절에 있었던 거인 골리앗과의 전투일 것입니다.

이 전투는 누가 보든 정상적인 게임이 되지 않는 마치 '맨땅에 헤딩'하는 것같이 어리석은 짓이었습니다. 적장 골리앗 역시 자신을 무시하느냐며 다윗에게 조롱과 욕설을 퍼부었습니다.

그러나 다윗은 그 앞에서 여호와 하나님을 의지하고, 그

존귀한 이름을 선포했습니다.

"너는 칼과 창과 단창으로 내게 나아 오거니와 나는 만군의 여호와의 이름 곧 네가 모욕하는 이스라엘 군대의 하나님의 이름으로 네게 나아가노라 또 여호와의 구원하심이 칼과 창에 있지 아니함을 이 무리에게 알게 하리라 전쟁은 여호와께 속한 것인즉 그가 너희를 우리 손에 넘기시리라"(삼상 17:45, 47)

다윗은 여호와의 이름을 높이고, 그 이름을 의지하면서 물 맷돌을 날렸습니다. 그러자 그 돌에 임마누엘 은혜가 임하여 중무장한 골리앗의 유일한 허점인 이마에 정통으로 박혔습니다.

돌을 맞은 골리앗은 그대로 땅에 쿵, 하고 쓰러졌습니다. 다윗은 그 즉시 달려가 칼로 그를 쳐 죽였습니다.

이 장면을 보던 블레셋 군인들은 혼비백산하여 달아났고, 이스라엘 군대는 대승리를 거두게 되었습니다.

이처럼 무엇보다 하나님의 이름을 높이는 것이 중요합니다. 지금 당장 눈앞에 닥친 일이 어렵고 잘 안 된다고 하더라도 그것 때문에 우리 인생이 망하는 것은 아닙니다. 우리의 목자 되신 하나님은 우리 형편과 처지를 가장 잘 알고 계십니다.

그러므로 오직 그 이름을 의지하고 그 이름을 높일 때, 그 이름으로 인하여 하나님께서 다시 우리를 소생시키시고 인도하실 것입니다.

이와는 대조적으로 다윗이 하나님의 이름을 무시했던 경우도 있었습니다.

바로 다윗의 말년, 그가 편안했던 시절에 인구조사를 실시한 것입니다. 인구조사를 실시한 이후 다윗은 이 일이 하나님 앞에 죄라는 사실을 깨닫게 되었습니다. 그는 곧바로 하나님께 자신의 죄를 자복하며 회개합니다.

"내가 이 일을 행함으로 큰 죄를 범하였나이다 여호와여 이제 간구하옵나니 종의 죄를 사하여 주옵소서 내가 심히 미련하게 행하였나이다"(삼하 24:10)

인구조사를 한 것이 왜 하나님 앞에 죄가 될까요? 사실 인구조사 자체는 큰 잘못이 없을지도 모릅니다. 그러나 여기에서 중요한 것은 다윗이 이것을 하나님께 저지른 죄악으로 인식했다는 점에 있습니다. 의도에 있어서 다윗은 이 일이 범죄임을 직감했습니다.

우리가 신앙생활하면서 언제나 점검해야 하는 것은 마음의 중심입니다. 어떤 결과를 가져왔느냐 보다는 어떤 마음으로 그 일을 행하였느냐가 더 중요하기 때문입니다. 하나님은 언제나 의도의 순수성, 즉 우리의 속마음을 살피십니다.

"사람의 행위가 자기 보기에는 모두 정직하여도 여호와는 마음을 감찰하시느니라"(잠 21:2)

인구조사를 실시하는 다윗의 마음속에 불순한 의도가 담겨 있었습니다. 곧 자기 이름을 드러내고 싶었던 것입니다.

다윗은 인구조사를 통하여 자신이 다스리는 백성의 수가 얼마나 많은지, 또 전쟁에 참전할 수 있는 군인은 얼마나 많은지, 그리고 자신이 얼마나 위대한 왕인지를 드러내고 싶어 했습니다. 지금껏 여호와 하나님께서 베푸신 은혜를 잊어버리고 자신의 이름을 높이려 한 것입니다.

하나님께서 가장 싫어하시는 일이 있습니다. 그것은 하나님의 이름을 가로채는 것입니다. 다른 것이 우상숭배가 아닙니다. 흔히 우상숭배 하면 거대한 금송아지, 거창한 제사 같은 것들을 떠올리겠지만, 본질적으로 우상숭배란 하나님의 이름이 있어야 할 자리를 다른 것으로 대체하려는 모든 행위입니다.

그래서 하나님께서는 십계명 중 가장 첫 번째로 우상숭배를 경고하고 계시며, 또한 자신의 이름을 망령되이 일컫지 말라고 명령하셨습니다. 우리를 인도하셔서 소생시키시고, 일을 잘되게 하시고, 높여주시는 것은 모두 하나님의 이름을 위한 것인데 만일 그 영광을 가로챘다면 적반하장(賊反荷杖)이 따로 없을 것입니다.

다윗의 인구조사는 비참한 결과를 낳았습니다. 하나님께서는 선지자를 통하여 다윗에게 재앙을 예고하셨고, 곧 온 땅에 전염병이 돌아 7만 명이나 되는 백성이 목숨을 잃어야 했습니다. 이 재앙은 다윗이 하나님 앞에 철저히 회개하고, 화목제를 드린 후에야 그치게 되었습니다.

창세기 11장의 바벨탑 사건을 보면 인류가 하나님의 심판을 받았던 가장 큰 원인 중에 하나가 바로 '자신들의 이름을 내려 했다는 것'입니다.

이처럼 우리가 가장 범하기 쉬운 죄가 자기 이름을 내는 것입니다. 인간은 누구나 본질상 교만하여 조금만 잘난 것, 잘하는 것이 있어도 자신을 드러내고자 합니다. 그래서 우리는 날마다 자신을 십자가에 못 박아야 합니다.

행동하는 신앙인으로 알려진 독일의 디트리히 본회퍼(D. Bonhoeffer)는 일찍이 십자가에 자신의 세 가지를 못 박았다고 고백했습니다.

- 내 '인생'을 못 박았다.
- 내 '업적'을 못 박았다.
- 내 '명예'를 못 박았다.

이처럼 무엇을 하든지 예수 그 이름만 나타내야 합니다. 예수 그 이름만 높아져야 합니다. 혹시 누가 나의 수고에 "대단하십니다" 혹은 "훌륭하십니다"라고 칭찬한다면 얼른 하나님을 높여 드려야 합니다.

"아닙니다. 제가 아니라 하나님께서 행하셨습니다."

이렇게 매사에 하나님을 높여 드려야 우리가 수고한 것이 헛되지 않고, 교만과 불행의 빌미가 되지 않을 수 있습니다. 우리 인생, 우리 업적, 우리 명예는 오직 하나님 이름이 높여지고, 주님께만 영광이 돌려지는 데서 의미를 찾아야 합니다.

"이는 만물이 주에게서 나오고 주로 말미암고 주에게로 돌아감이라 그에게 영광이 세세에 있을지어다 아멘"(롬 11:36)

날마다 주의 이름으로

이런 점에서 우리 그리스도인은 어떠한 일이든지 날마다 주의 이름으로 사는 자들입니다. 언제든지 예수 그 이름에 합당하게 살아야 합니다. 무엇이든지 예수님처럼, 예수님을 위하여, 예수님을 전하며 살아야 합니다.

여기서 예수님의 이름을 위하여 산다는 것은 어떤 거창한 일을 하거나 큰 성취를 통해서만 이루어지는 것이 아닙니다.

그보다는 먼저 날마다 매일의 삶 속에서 내가 주님의 모습을 닮아가는 것입니다.

제가 철들면서부터 기도한 것이 있는데 그것은 "이름 값 하며 살게 해달라"는 것이었습니다. 제 이름은 한문자로 '클 석(奭)에 해 년(年)'을 사용합니다. 풀어쓰자면 '해마다 크는 사람'이 됩니다. 이름대로 하면 대기만성(大器晩成) 형의 사람입니다.

그래서 성경을 읽다가 제 이름에 적합한 구절을 발견하고 인생의 요절로 삼았습니다.

"우리가 다 하나님의 아들을 믿는 것과 아는 일에 하나가 되어 온전한 사람을 이루어 그리스도의 장성한 분량이 충만한 데까지 이르리니"(엡 4:13)

그리고 어떤 업적이나 성취를 이루기보다 먼저 예수님을 닮은 사람이 되어야겠다고 다짐하였습니다. 나이 예순쯤 되었을 때 누구든지 저를 보면 "김 목사님은 예수님을 참 많이 닮았습니다. 목사님을 보니 예수님이 생각납니다"라고 말할 수 있는 그런 목사 되기를 소원하며 살아왔습니다.

그런데 어느덧 그 나이를 지났음에도 불구하고, 저에게는 아직 예수님의 모습이 요원하기만 합니다. 그저 부끄럽습니다. 여전히 저는 자주 속상해 하고, 불안해 하고, 감정을 드러내고, 자신을 자랑하는 사람입니다. 물론 의도적으로 죄를 지으려 하지는 않지만 그럼에도 저는 여전히 부족하고, 연약하고, 허물이 많습니다.

감사한 것은 이런 저를 하나님께서 붙들어 인도하시고, 다시금 주의 이름을 높이는 데 사용하신다는 사실입니다.

그래서 저는 끝까지 예수님 흉내라도 내며 살고자 합니다. 남은 세월 무엇을 하든지 나는 죽고 예수님처럼 살기를 원합니다. 더욱 예수님의 이름에 합당하게 살고자 합니다.

예수님의 이름을 전하며 살고자 합니다. 예수님의 이름을 높이며 살고자 합니다. 나이가 들수록 저로 인해 예수 임마누엘이 더욱 나타나길 원합니다.

우리 남은 세월 그 이름에 부끄럽지 않게 사십시다. 서로의 이름을 부르며, 서로를 위해 기도하고, 예수 그 이름만 높이며 살아갑시다. 이렇게 예수 이름으로 살고자 할 때에 예수 그 이름 때문에 주님께서는 날마다 우리를 소생시키시고, 의의 길로 인도하실 것입니다.

"누구든지 주의 이름을 부르는 자는 구원을 받으리라"(롬 10:13)

07

거룩, 세상과 다른 삶이다

"의의 길로 인도하시는도다"

Together we can!

2013년, 평창에서는 아주 특별한 올림픽이 열렸습니다. 스페셜 올림픽(Special Olympic), 말 그대로 특별한 이들을 위한 특별한 잔치였습니다.

이 스페셜 올림픽은 지적 발달 장애인들이 참가하는 대회입니다. 세상이 보기엔 부족하고 연약한 사람들의 모임일지 모르지만 "Together we can!"이라는 대회 구호처럼 지적 장애인들과 그들을 돕는 이들이 한데 어우러져 땀과 수고를 아끼지 않았던 그야말로 기쁨과 감사의 축제였습니다.

'스페셜'이라는 이름답게 이 대회에는 특별한 점이 있습니다. 바로 패배자가 없다는 것입니다. 통상적인 올림픽이라면 경기의 승자와 패자를 가르는 것이 보통입니다. 그러나 스페셜 올림픽은 누구나 승자입니다. 왜냐하면 경기의 승패보다는 도전과 노력에 의미를 두어 1·2·3위에겐 메달을, 그리고 나머지 모든 참가 선수들에게는 리본을 목에 걸어주기 때문입니다.

이는 승자 중심의 세상과 달리 약자일지라도 서로 사랑하고 함께 품어 모두가 승자가 될 수 있는 세상을 꿈꾸는 아름다운 모습입니다. 어쩌면 이것이 예수 십자가 정신이요, 우리 교회가 추구해야 할 거룩한 모습이 아닐까 생각해 봅니다.

거룩이란 무엇일까요? 바로 우리가 그리스도인으로서 세상과는 구별되게 사는 것을 말합니다. 그래서 우리를 '성도'(聖徒)라고 부르는 것입니다.

예수님께서는 구별된 자로 살아가는 성도의 정체성에 대해 요한복음 17장의 제사장적 기도를 통해 분명하게 말씀해 주셨습니다. 그에 따르면 우리의 정체성은 다음의 네 가지로 정리할 수 있습니다.

• 우리는 세상에 살고 있습니다(in the world). 마땅히 사회의

법을 지키고, 의무를 감당해야 합니다(마 12:17).

• 우리는 세상에 속하지 않았습니다(not of the world). 세상의 잘못된 관습과 문화는 단호히 거부해야 합니다(롬 12:2).

• 우리는 세상으로부터 부름받았습니다(out of the world). 하나님께서 우리를 불러 모아주시고, 교회 공동체를 이루게 하셨습니다. 우리는 그 안에서 그리스도의 뜻을 배우고, 서로 섬겨야 합니다(행 2:42-47).

• 우리는 다시 세상으로 보냄받았습니다(into the world). 우리는 교회에만 머물러 있지 않고, 세상에 파송받았습니다(행 1:8). 그래서 우리는 이 세상에서 하나님 나라를 이루어가야 합니다.

그러므로 비록 가는 길이 험하고 어렵더라도 우리는 거룩한 자로서 세상과 다른 가치, 다른 정신, 다른 태도로 함께 살아가야 합니다. 이 거룩한 인생, 거룩한 교회를 위해 예수님은 이렇게 기도하셨습니다.

"내가 세상에 속하지 아니함 같이 그들도 세상에 속하지 아니하였사옵나이다 그들을 진리로 거룩하게 하옵소서"(요 17:16-17)

다윗에게 배우는 거룩한 인생

여호와 선한 목자께서는 자신의 이름을 위하여 우리를 의의 길, 보다 더 거룩한 삶으로 인도하길 원하십니다.

"의의 길로 인도하시는도다"(3절)

다윗의 인생 여정 중에 이같이 세상과 구별된 거룩한 모습을 살펴볼 수 있는 대표적인 대목이 골리앗과의 대결 장면입니다. 어린 소년에 불과했던 다윗은 어떻게 당시 세상의 시대 조류를 거슬러 담대하게 거룩한 삶을 살 수 있었을까요?

• 다윗은 일상에서 하나님을 체험했습니다.

당시 이스라엘은 블레셋과 전쟁을 하는 중이었습니다. 상대 적장 중에는 무려 2미터가 넘는 거구를 지닌 골리앗이라는 장수가 있었습니다.

그의 거대한 체구에서 풍겨 나오는 위압과 거친 폭언으로 이스라엘 백성은 사시나무 떨듯 두려워하며 도망치기 바빴습니다.

그러나 소년에 불과했던 다윗은 이 모습을 보며 오히려 격분합니다.

"이 할례 받지 않은 블레셋 사람이 누구이기에 살아 계시는 하나님의 군대를 모욕하겠느냐"(삼상 17:26)

이 말은 곧장 사울 왕의 귀에 들어갔고, 다윗은 왕 앞에 서
게 되었습니다. 사울은 골리앗에 비해 왜소한 다윗의 모습을
보고는 걱정스러운 듯 오히려 만류했습니다.

그러자 소년 다윗은 사울 왕에게 대답했습니다.

"여호와께서 나를 사자의 발톱과 곰의 발톱에서 건져내셨
은즉 나를 이 블레셋 사람의 손에서도 건져내시리이다"(삼상
17:37)

성실은 인생의 중요한 덕목입니다. 소년 다윗은 무엇보다
성실한 사람이었습니다. 그는 성실한 아들이었고, 성실한 목
동이었습니다. 그는 평소 자신에게 주어진 양을 돌보고 지키
기 위해 생명조차 아끼지 않으며 성실히 일했습니다.

그런데 더욱 중요한 것은 그가 성실을 넘어 일상에서 하나
님을 체험했다는 사실입니다. 아니, 도리어 그가 성실할 수
있었던 것은 주어진 모든 일을 언제나 하나님 앞에서 행하
고, 날마다 삶에서 하나님을 만났기 때문에 가능했다고 말하
는 것이 옳을 것입니다.

그는 일상에서 늘 하나님이 함께 하심을 경험했고, 이런
믿음의 경험으로 인해 골리앗도 두려워하지 않고 당당히 맞
설 수 있었습니다.

우리도 세상에서 거룩하게 살려고 하다 보면 종종 인생의

골리앗을 만나 두려움과 근심에 빠지게 됩니다. 마치 계란으로 바위를 치는 것같이 두텁고, 높은 장벽을 만나게 되는 것입니다.

그러나 늘 일상에서 하나님을 체험해왔던 사람은 그 무엇에도 두려워하지 않습니다. 오히려 두려울 때마다 다윗처럼 이렇게 믿음으로 고백할 수 있습니다.

"하나님께서 지금껏 어려울 때마다 나와 함께 하셨으니 이 문제 역시 가장 선하게 인도해주실 것이다!"

이런 사람은 문제 앞에 도리어 기도합니다. 찬양합니다. 말씀을 묵상합니다. 날마다 하나님을 바라보며 속사람이 강건하여 골리앗 따위는 별로 문제가 되지 않습니다. 오히려 골리앗으로 인하여 더 크고 놀라운 예수 임마누엘 구원의 은혜를 기대하고, 마침내 체험하게 됩니다.

"나의 영혼이 잠잠히 하나님만 바람이여 나의 구원이 그에게서 나오는도다 오직 그만이 나의 반석이시요 나의 구원이시요 나의 요새이시니 내가 크게 흔들리지 아니하리로다"(시 62:1-2)

• 다윗은 자신만의 부르심을 따랐습니다.

다윗이 두려워하지 않고, 담대하게 고백하자 사울 왕은 그에게 감동하여 출정을 허락합니다. 그러나 여전히 못미더웠던 사울은 다윗을 중무장시키기 위해 친히 자신의 갑옷과 무기를 내어줬습니다.

다윗은 사울의 갑옷과 무기로 무장했지만 몸에 맞지 않아서, 오히려 거추장스러워 벗어버렸습니다. 그리고 부르심, 지금껏 하나님께 쓰임받은 방법으로 싸우기 위해 시냇가에 쭈그리고 앉아 물맷돌 다섯 개를 골라 골리앗에게 나아갔습니다(삼상 17:40).

이처럼 우리가 인생의 골리앗을 만날 때도 주변 사람들이 돕겠다고 나섭니다. 친절하게 갑옷을 입혀주고, 장비도 챙겨줄 것입니다. 또 나름대로 조언을 하고, 이길 수 있는 방법도 가르쳐줄 것입니다. 그러나 정작 자신에게는 별 도움이 되지 않을 때가 많습니다.

만일 다윗이 사울의 갑옷을 입고, 사울의 무기를 들고 골리앗을 상대했다면 어땠을까요? 아마 끔찍한 재난을 당했을 것입니다.

크리스천이 세상의 골리앗에 맞서 거룩하게 살기 위해서는 세상의 성공 방식을 따라 살아서는 안 됩니다. 도리어 멸시와 끔찍한 재난을 당하게 될 뿐입니다.

다윗이 자신만의 물맷돌로 골리앗을 무너뜨렸듯이 우리는

세상과 다른 크리스천만의 부르심을 따라야 합니다. 그 방식대로 승리해야 합니다. 그것은 다름 아닌 '하나님께 무릎을 꿇는 것'입니다.

작가이자 목회자인 유진 피터슨(Eugene Peterson)은 『다윗, 현실에 뿌리박은 영성』에서 자신의 상상력을 동원하여 다윗이 물맷돌을 고르던 장면을 다음과 같이 그리고 있습니다.

"나는 상상해 본다. 다윗이 던질 돌을 고르며 시냇가에 무릎을 꿇고 있다. 본문은 그가 무릎을 꿇었다고는 말하지 않고, 다만 시냇가에서 '돌 다섯 개를 골랐다'고만 말한다. 그러나 그는 돌을 고르기 위해 분명 무릎을 꿇었을 것이다.

그가 무릎을 꿇고 있는 모습을 상상한다. 시냇가에서 무릎을 꿇고 있는 다윗, 다윗은 그날 건강한 영혼을 가진 유일한 인물이었다."

이처럼 무엇에 앞서 먼저 무릎을 꿇는 것이 크리스천만의 부르심입니다. 세상은 시대에 따라 변할 것입니다. 부모, 형제, 친구도 변할 것입니다. 부자도 가난한 자도 바뀔 것입니다. 강자도 약자도 바뀔 것입니다. 그럼에도 변하지 않는 하나님의 부르심이 있으니 예수의 이름으로 무릎을 꿇는 일입니다.

E. M. 바운즈는 이렇게 말합니다. "사람들은 방법을 찾으나 하나님은 기도하는 자를 찾으신다."

물론 우리의 구체적인 달란트와 부르심의 내용은 각자 다를 수 있습니다. 그러나 모든 크리스천이 공유하는 부르심, 그것이 바로 기도의 자리입니다.

하나님의 사람인 다윗, 기드온, 다니엘, 에스라, 베드로, 바울 등은 모두 무엇에 앞서 무릎을 꿇고 기도하는 자들이었습니다. 심지어 누가복음을 보면 예수님께서도 중요한 일을 앞두고, 때마다 하나님께 기도로 나아가셨습니다. 무릎을 꿇고 기도하는 그곳에 하나님의 대안, 구원의 역사도 임하게 됩니다.

"너는 내게 부르짖으라 내가 네게 응답하겠고 네가 알지 못하는 크고 은밀한 일을 네게 보이리라"(렘 33:3)

• 다윗은 무엇이든지 하나님의 이름을 중심으로 삼았습니다.

다윗은 그저 무릎 꿇고 기도만 하는 사람이 아니었습니다. 때가 오자 그는 분연히 일어나 골리앗을 향해 나아갔습니다.

"너는 칼과 창과 단창으로 내게 나아오거니와 나는 만군의 여호와의 이름 곧 네가 모욕하는 이스라엘 군대의 하나님의

이름으로 네게 나아가노라"(삼상 17:45)

그리고 골리앗을 향해 달음박질하며 물매를 돌려 세차게 돌을 날렸습니다. 그 돌은 허공을 날아 갑옷으로 중무장한 골리앗의 유일한 허점인 이마에 깊숙이 박혔습니다. 무시무시했던 거인은 어이없게도 그 한 방에 고꾸라졌고, 곧 다윗에게 목숨을 잃었습니다.

여기서 다윗이 무엇보다 중요하게 생각했던 것이 하나님의 이름입니다. 그가 전투에 나서게 된 결정적 이유는 하나님의 이름이 모욕받았기 때문이었습니다.

그는 주의 이름이 모욕받는 것을 가만둘 수 없었습니다(26절). 다윗은 만군의 여호와 그 이름의 능력으로, 그 이름을 위하여, 그 이름을 신뢰하며 물맷돌을 던졌고 넉넉히 이기게 되었습니다.

성경에서 하나님의 이름은 언제나 하나님 자신과 동일시될 정도로 중요하게 취급됩니다. 하나님의 이름이 있는 곳에 하나님께서 임재하시고, 그곳을 주의 나라로 친히 다스리시기 때문입니다.

그래서 이스라엘 백성은 언제나 하나님의 이름이 거하는 성전을 중요하게 생각했고, 그 성전을 중심으로 공동체를 세었습니다.

"나는 네가 건축한 이 성전을 거룩하게 구별하여 내 이름을 영원히 그 곳에 두며 내 눈길과 내 마음이 항상 거기에 있으리니"(왕상 9:3)

우리는 무엇보다 예수 그리스도의 이름을 위하여 살아야 합니다. 예수, 놀라운 이름입니다. 우리는 그 이름으로 죄 사함 받습니다. 우리는 그 이름으로 하나님의 자녀가 되었습니다. 우리는 그 이름으로 기도 응답을 받습니다.

그래서 우리는 그 이름을 사모합니다. 우리는 그 이름을 전파합니다. 우리는 그 이름을 예배합니다. 우리는 그 이름을 찬양합니다. 우리는 예수, 그 이름이 온 세상 가득할 그날을 기다립니다. 이렇듯 우리 인생의 목적은 무엇이든지 하나님의 이름을 높이고, 주의 영광을 위해 사는 것입니다.

"그런즉 너희가 먹든지 마시든지 무엇을 하든지 다 하나님의 영광을 위하여 하라"(고전 10:31)

하나님은 언제나 우리를 의의 길, 세상과는 다른 거룩한 삶으로 이끄십니다. 그래서 다윗도 시대 조류를 따라 살지 않고, 보다 거룩하게 살 수 있었습니다.

다윗은 일상에서 하나님을 체험했습니다. 날마다의 평범한 일에서 하나님을 인식했습니다. 또한 다윗은 자신만의 부

르심을 따랐습니다. 세상이 자랑하는 방식이 아니라 자신만
의 방식으로 쓰임받았습니다. 다윗은 무엇이든지 하나님의
이름을 중심으로 삼았습니다. 그는 무엇이든지 주의 이름과
주의 영광을 위해 살았습니다.

그래서 마침내 다윗은 하나님의 거룩한 사람으로 살아가
게 된 것입니다.

거룩한 삶의 두 기둥

여기까지는 거룩한 삶의 한 면, '하나님을 향한 영성'에 관
한 내용입니다. 거룩한 삶에는 또 다른 한 면이 있습니다. 그
것은 바로 '세상을 향한 도덕성'입니다.

크리스천이 거룩한 삶을 살아가기 위해서는 언제나 이 두
가지, 영성과 도덕성을 함께 겸비해야 합니다. 거룩한 삶은
마치 영성과 도덕성이라는 두 기둥이 받치고 있는 아치 모양
의 다리 같아서 이 둘 중 어느 하나가 무너지면 모두 함께 무
너지고 맙니다.

젊은 크리스천 변호사가 있었습니다. 그는 일찍부터 법무
법인 임원으로 활동하면서 자연스럽게 기업카드를 제공받

아 상당한 액수의 판공비를 사용해 왔습니다.

그러던 어느 날, 기도하던 중에 그는 기업카드를 정직하게 사용하지 않고 있음을 깨닫게 되었습니다. 즉시 사무실로 돌아가 그동안 사적인 용도로 얼마나 사용했는지를 계산해 보았습니다. 그 액수는 자그마치 7천만 원이나 되었습니다.

그는 이 일로 로펌(law firm) 대표를 만나서 사실대로 말했고, 용서를 구하며 그 돈을 돌려주려 했습니다.

그러자 대표는 손사래를 치며 자신도 마찬가지라면서 관례이니 그럴 필요까지 없다면서 돈을 받지 않으려 했습니다. 그러나 그는 고집을 꺾지 않았고, 결국 대표에게 돈을 돌려주고 돌아왔습니다.

그런데 얼마 후 회사 대표로부터 호출이 왔고, 대표는 그에게 유학을 다녀오라면서 그만큼의 돈을 돌려주었습니다. 그 덕분에 미국 유학을 다녀올 수 있었던 그 변호사는 지금도 결코 개인적인 일로 기업카드를 쓰지 않는다고 합니다.

이 이야기를 들으며, 저도 불합리한 사회적 관행이나 관습에 더욱 조심해야겠다고 생각했습니다. 그러나 그만큼 쉽지 않다는 것도 깨닫습니다. 분명한 것은 이 시대가 크리스천을 향해 높은 도덕성을 요구한다는 사실입니다.

이 도덕성은 저마다 취약한 점들이 다를 수 있습니다. 에서는 탐식에 약했고, 삼손은 이성에 약했고, 사울은 불만과 시기에 약했고, 가룟 유다는 물질에 약했고, 베드로는 혈기에 약했고, 데마는 세상 욕심에 약하여 넘어졌습니다.

이를 두고 사막의 수도자 에바그리우스(Evagrius)는 인간의 약한 본성을 여덟 가지로 설명했습니다. 탐식, 음욕, 물욕, 불만, 분노, 절망, 허영, 교만입니다.

그렇다면 당신이 약한 부분은 무엇입니까? 당신은 무엇 때문에 자주 넘어지십니까?

2014년, 한 기독교 기관이 한국 교회의 사회적 신뢰도를 주제로 여론조사를 실시했다고 합니다. 조사한 바에 의하면 한국 교회의 사회적 신뢰도는 한국 3대 종교라고 불리는 가톨릭, 불교에 이어 세 번째이며, 수치로는 19.4% 불과하다는 충격적인 사실이 공개되었습니다.

이 조사 결과에 대해 어떤 신학 교수는 "부도덕성이 오늘날 교회 불신의 근원이다"라며 갑갑한 심경을 토로했습니다. 이처럼 거룩하지 못한 교회는 예수 그리스도를 세상에 전파하는 일에 디딤돌이 아니라 걸림돌이 될 뿐입니다.

그러므로 이제 우리는 크리스천으로서 더 이상 세상의 방식대로 살아서는 안 됩니다. 비록 보잘것없는 사소한 죄일지라도 성령께서 깨닫게 하시면 얼른 회개해야 합니다. 십자가를 바라보고 나의 약함과 죄악을 자백해야 합니다.

만일 그것이 사람에게 잘못한 것이라면 기꺼이 찾아가서 용서를 구해야 합니다. 그리고 세상에 나가 소금과 빛으로 바르게 살아야 합니다.

이처럼 날마다 성령을 따라 죄를 죽이면 주께서 우리를 더 온전하고 거룩한 사람으로 이끄실 것입니다. 그리하여 마침내 Together we can! 우리 함께 그리스도 안에서 더욱 거룩한 세상을 만들어 갑시다.

"내가 세상에 속하지 아니함 같이 그들도 세상에 속하지 아니하였사옵나이다 그들을 진리로 거룩하게 하옵소서"(요 17:16-17)

08

고난, 상처가 별이 되다

"내가 사망의 음침한 골짜기를 다닐지라도
해를 두려워하지 않을 것은 주께서 나와 함께하심이라"

Scar into Star

중요한 약속을 앞둔 사람이라면 누구나 그 전날 확인하는 것이 있습니다. 바로 날씨입니다. 저 역시 어릴 적 소풍을 앞둔 날이면 재차 하늘을 보며 안도의 숨을 쉬곤 했습니다.

자신의 중요한 날에 비바람이 치는 것을 좋아할 사람이 누가 있을까요? 누구나 햇살이 비치는 맑고 청명한 하늘을 기대할 것입니다. 그런데 YMCA 회장을 지낸 고(故) 전대련 회장은 퇴임식에서 지난한 고난의 세월을 돌아보며 이런 말을 남겼습니다.

"매일 날씨가 좋으면 사막이 됩니다."

들고 보니 옳은 말입니다. 날씨가 항상 맑기만 해서는 기름진 땅이 되기 어렵습니다. 건조하고 메말라 숲은커녕 나무 한 그루 제대로 자랄 수 없는 땅이 되고 말 것입니다.

한 그루의 나무가 자라기 위해서도 비바람을 견뎌야 한다는 사실은 우리에게 많은 가르침을 줍니다. 매일 맑기만 해서는 나무가 살 수 없습니다. 그와 더불어 비바람의 시련을 견뎌야 비로소 푸르고 푸른 나무가 될 수 있는 것입니다.

이는 나무 한 그루에 그치는 이야기가 아닐 것입니다. 산다는 것은 누구나 시련의 연속입니다. 누구의 인생이든 고난과 괴로움이 있습니다. 마치 바다에 파도가 치는 것처럼, 우리가 인생을 항해하는 동안에도 크고 작은 시련의 파도들(비판, 조롱, 무시, 공격, 배신, 실패, 병고, 사고, 우울, 좌절, 절망 등)이 쉴 새 없이 일어나 우리를 삼키려 합니다.

그리고 이런 크고 작은 시련에 노출될수록 연약한 우리는 영, 혼, 몸에 상처를 입고 지쳐갑니다. 상처가 나면 견딜 수 없이 쓰리고, 아프고, 괴롭습니다.

그런데 놀라운 사실은 하나님께서 이 상처를 통해서 우리를 더욱 빛나는 하나님의 사람으로 단련하신다는 것입니다. 도리어 고난 없이 스타가 되면 그야말로 스타, 곧 '스스로 타락하는 자'가 되기 쉽습니다.

야고보 사도는 우리에게 분명히 말씀합니다.

"내 형제들아 너희가 여러 가지 시험을 당하거든 온전히 기쁘게 여기라 이는 너희 믿음의 시련이 인내를 만들어 내는 줄 너희가 앎이라 인내를 온전히 이루라 이는 너희로 온전하고 구비하여 조금도 부족함이 없게 하려 함이라"(약 1:2-4)

한 그루의 나무도 비바람을 견뎌야 푸르고 푸른 생명을 뿜어내듯 우리 인생도 이런저런 상처를 이겨내야만 하나님 사람으로 쓰임받을 수 있습니다. 그래서 서양에는 이런 속담이 있습니다.

"Scar into Star(상처가 별이 되다)."

물론 상처마다 다 별이 될 수 있는 것은 아닙니다. 상처를 어떻게 다루느냐에 따라 이 상처가 별이 될 수도 있고, 혹은 더 큰 흉터로 번지게 될 수도 있습니다. 상처(scar)를 믿음으로 잘 다루어야 마침내 반짝이는 별(star)이 될 수 있습니다.

사망의 골짜기에서 신음하는 다윗

다윗은 상처가 참 많은 사람이었습니다. 그럼에도 상처가 별이 된 대표적인 사람을 든다면 역시 다윗입니다. 그는 자신의 생애를 되돌아보며 오랜 세월 고난의 한복판에 살았다고 고백합니다.

"내가 사망의 음침한 골짜기를 다닐지라도"(4절)

성경은 그가 어떤 사망의 골짜기를 지내왔는지를 잘 보여주고 있습니다(삼상 18-20장). 다윗이 골리앗과의 전투에서 승리하고 점점 더 유명해지자 사울 왕은 그를 시기하여 여러 번 살해하려고 시도했습니다.

먼저 다윗이 악기를 연주하고 있는 틈에 창을 던져 죽이려 했습니다. 그러나 다윗이 피해 실패합니다. 그 다음은 전쟁에서 수훈을 세우고 돌아오면 딸 메랍과 결혼시켜준다며 다윗을 부추겨 죽이려 했습니다. 그러나 그것도 실패합니다.

그 다음에는 딸 미갈이 다윗을 사랑한다는 사실을 알고, 다윗이 전쟁에 나가 블레셋 사람의 표피 백 개를 가져오면 결혼시켜준다고 약속합니다. 이번에도 전쟁에서 죽게 할 속셈이었지만 다윗이 승리하여 결국 결혼이 성사되었습니다.

사울의 증오심은 점점 더 악화될 뿐이었습니다. 그 후로도 사울의 살해 위협은 끊이지 않았고, 다윗은 어쩔 수 없이 궁정 밖으로 피신하여 광야로 도망하는 신세가 되고 말았습니다. 그러자 사울은 한술 더 떠 직접 군대를 이끌고 다윗을 쫓아 나섭니다.

이렇듯 생명을 위협받으며 살았던 다윗은 말 그대로 매일이 사망의 음침한 골짜기를 걷는 나날이었을 것입니다. 그래서 그는 마음의 깊은 상처를 입고, 신음하며 하나님 앞에 토로하게 되었습니다.

"여호와 내 하나님이여 내가 주께 피하오니 나를 쫓아오는 모든 자들에게서 나를 구원하여 내소서 건져낼 자가 없으면 그들이 사자 같이 나를 찢고 뜯을까 하나이다"(시 7:1-2)

우정, 기도 못지않게 중요하다

그럼에도 다윗은 상처를 이겨내고, 다시금 두렵지 않다고 고백합니다.

"해를 두려워하지 않을 것은 주께서 나와 함께하심이라"(4절)

이처럼 우리도 주님이 나와 함께 하심을 경험할 수 있다면 어떤 사망의 음침한 골짜기에 있을지라도 두려워하지 않을 수 있습니다. 문제는 어떻게 일상에서 주님이 나와 함께 하심을 체험할 수 있느냐는 것입니다.

흔히 우리가 알듯 기도를 통해서 하나님의 임재를 경험할 수 있습니다. 또 하나, 임마누엘 체험에 있어서 기도 못지않게 중요한 것이 있는데 그것이 바로 '우정'입니다.

사울 왕이 아무리 다윗을 죽이려고 해도 다윗은 해를 입지 않았습니다. 분명 다윗이 사울의 거듭된 살해 위협에도 해를 두려워하지 않았던 것은 일차적으로 하나님께서 그와 함께하심 때문이었습니다.

더불어 그가 사울의 해를 두려워하지 않았던 또 하나의 이유는 그 이면에 존재했던 친구 요나단의 우정 덕분이었습니다.

요나단은 사울 왕의 아들이었습니다. 그는 이스라엘의 차기 지도자로 유력한 신분이었습니다. 반면에 다윗은 사울 가문을 위협하던 신흥 세력이었습니다. 인간적으로 보기에 이 두 사람은 결코 친구가 될 수 없는 운명이었습니다.

그럼에도 불구하고 요나단은 하나님을 신뢰하여 다윗을 차기 왕으로 인정했고, 여러 위험한 정황 속에서도 힘을 다해 다윗을 보호하고, 격려하고, 함께 하였습니다.

만일 다윗에게 요나단의 순전한 우정이 없었다면 어땠을까요? 아마 그의 생애는 자신의 소명과 상관없이 최악의 상황(죽음, 도피, 복수)으로 치달았을 것입니다. 그러나 마치 견고한 성과 같은 요나단의 우정이 있었기에 다윗은 영, 혼, 몸을 온전하게 지킬 수 있었습니다.

이를 보며 요즘 제가 깨닫는 것도 우리의 영성에 있어 기도 못지않게 중요한 것이 우정이라는 사실입니다. 마치 성만찬에 떡과 포도주가 함께 하는 것처럼 우리의 일상에서 우정은 기도와 함께 임마누엘을 실제로 경험하는 중요한 통로가 되어줍니다.

하나님은 사람을 통해서 나와 함께 하십니다. 사람을 통해서 나를 인도하십니다. 그리고 사람을 향해서 나를 보내십니다.

그래서 기독교 작가 로버트 밴슨(Robert Benson)은 "우리의 소명이란 사람에게 보내지는 것"이라고 설명한 것입니다. 심지어 하나님께서도 사람의 몸을 입고 우리에게 다가오셨습니다. 육체를 가지고 우리 곁에서 호흡하며 함께 하시기 위하여 이 땅에 오신 것입니다.

이처럼 하나님은 많은 경우 사람을 통해서 우리를 훈련하시고, 사람을 통해서 우리를 인도하시고, 사람을 통해서 우리를 도우시고, 사람을 통해서 우리를 보호하시고, 사람을 통해서 우리에게 복을 주십니다.

오늘날 우리에게 이런 우정, 이런 공동체가 점점 희귀해져 가는 것은 정말 큰 비극이 아닐 수 없습니다. 마치 신앙생활을 혼자 하는 것처럼 여기는 이들이 늘고 있는 것입니다.

그러나 우리는 언제나 주변의 사람들과 바른 관계, 좋은 관계를 맺어야 합니다. 그러므로 이 사실을 절대로 잊지 맙시다.

"신앙생활은 기도와 우정을 함께 쌓아가는 것이다!"

이 둘은 하루아침에 깊어지는 것이 아닙니다. 진실한 우정은 마치 느리게 자라는 나무와 같아서 매일 조금씩 가꾸고, 꾸준히 뿌리내려야 합니다. 우리의 우정은 예수님에게 뿌리를 두고 기도와 함께 날마다 더 깊어져야 하는 것입니다.

내면을 굳게 세워주는 관계

그렇다면 우리가 쌓아가야 하는 우정은 어떤 모습일까요? 이는 세상 사람들이 생각하는 친구의 정이나 의리와 같은 모습이 아닙니다. 사실 정이나 의리라고 하는 것은 자기중심적이어서 내 뜻대로 안 되면 쉽게 변질되고, 실망하고, 분노하고, 배신하고, 끝장내 버리기 쉽습니다. 더욱이 서로 기대하는 바가 달라 상대에게 실망 또는 서운해 하지 않기가 얼마나 어려운지 모릅니다.

그러나 가끔 다르게 우정을 나누는 이들이 있습니다. 그들은 나를 이용의 대상으로 바라보지 않습니다. 언제나 넉넉한 마음으로 대해줍니다. 나의 겉보다는 내면에 관심을 가져줍니다. 내 안에 감추어져 있는 선한 뜻을 알아줍니다. 그리고 내가 바른 길로 나아가도록 위로하고 격려해줍니다.

그래서 유진 피터슨은 친구를 이렇게 정의했습니다.

"우리의 약점을 잡거나 흠집을 내려고 하지 않고, 우리의 속 생각을 알아주며 내적 신념을 따르려는 삶의 어려움을 이해하고, 우리의 내면 가장 깊은 곳을 굳게 다져준다. 그는 바로 친구이다."

당신에게 이런 믿음의 친구가 있습니까? 세상에는 저절로 거저 되는 일은 없습니다. 무엇보다 훈련과 노력이 필요합니다. 특히 친구는 서로에게 신뢰, 인내, 관심, 용기, 회개, 용서, 축하 그리고 무엇보다 신실함을 필요로 합니다.

이와 같은 믿음의 친구는 상황과 현실이 어떠하든 나로 하여금 소명의 길을 가도록 끊임없이 기도, 위로, 격려로 나의 내면을 굳게 다져줍니다.

다윗과 요나단이 그랬습니다. 이들이 처음 만났을 때의 마음을 성경은 다음과 같이 묘사합니다.

"요나단의 마음이 다윗의 마음과 하나가 되어 요나단이 그를 자기 생명 같이 사랑하니라"(삼상 18:1)

어떻게 이들은 마치 첫눈에 반한 남녀처럼 열렬히 사랑하게 되었을까요? 누군가는 이것을 동성애 같은 야릇한 것으로 해석할지도 모릅니다. 그러나 성경을 자세히 들여다보면 이들의 우정은 그보다 더 깊은 곳에서 출발하고 있음을 알 수 있습니다.

요나단과 다윗은 서로를 알기 전부터 그들의 마음속에 동일한 하나의 마음이 있었습니다. 그것은 다름 아닌 하나님을 향한 순전한 믿음입니다. 이들은 누구보다 하나님의 이름을 높이려 했던 사람들이었습니다.

다윗이 아직 역사의 무대에 등장하기도 전에 요나단은 블레셋과의 전쟁에 이스라엘 장수로 참여했던 적이 있었습니다. 그때 그는 강력한 블레셋 군대 앞에 두려움으로 떨고 있는 이스라엘 군대를 향해 당당하게 외쳤습니다.

"우리가 이 할례 없는 자들의 부대에게로 건너가자 여호와께서 우리를 위하여 일하실까 하노라 여호와의 구원은 사람의 많고 적음에 달리지 아니하였느니라"(삼상 14:6)

이것은 우리가 이미 들었던 다윗의 고백을 연상케 합니다. 바로 다윗이 블레셋의 장수 골리앗에게 했던 말입니다.

"여호와의 구원하심이 칼과 창에 있지 아니함을 이 무리로 알게 하리라 전쟁은 여호와께 속한 것인즉 그가 너희를 우리 손에 붙이시리라"(삼상 17:47)

이를 볼 때 요나단과 다윗이 서로를 생명처럼 사랑하게 된 것은 단순한 우연이나 감정에 의한 것이 아닙니다. 그보다는 서로에게 있었던 하나님을 향한 뜨거운 사랑과 충성을 발견했기 때문입니다.

요나단은 여호와의 이름으로 물맷돌 하나에 골리앗을 제압하는 다윗을 보는 순간 전율하며 감탄했을 것입니다.

"아, 이 시대에도 오직 하나님만 바라보고 하나님의 이름만 높이는 사람이 있구나! 오, 감사합니다. 하나님!"

이렇듯 그들은 전장에서 처음 만났지만 첫눈에 서로를 알아보고, 존중하고, 사랑하게 되었습니다. 단순한 감정이 아닌 '서로의 내면 가장 깊은 곳을 굳게 다져주는 친구'가 된 것입니다. 그리고 이들은 서로 평생을 이 믿음으로 살기로 하나님 앞에서 약속했습니다.

"요나단은 다윗을 자기 생명 같이 사랑하여 더불어 언약을 맺었으며"(삼상 18:3)

서로의 내면 가장 깊은 곳을 다져주는 우정은 요나단과 다윗, 그들 서로를 지켜주었습니다. 어떤 위험이나 희생도 그들의 우정을 막지는 못했습니다.

만일 요나단의 우정이 없었다면 다윗은 사망의 음침한 골짜기를 두려움 없이 지나올 수 없었을 것입니다. 요나단의 우정이 없었다면 사울에 대한 충성심도 끝까지 지키지 못했을지 모릅니다. 요나단의 우정은 다윗에게 임마누엘이 되어 그로 하여금 끝까지 사랑의 길을 가도록 인도해 주었습니다.

우리도 요나단과 다윗이 되어

우리 크리스천은 세상과 다른 사랑의 방식으로 사는 사람들입니다. 그래서 예수님은 제자들을 향해 말씀하셨습니다.

"너희는 그렇지 않을지니 너희 중에 큰 자는 젊은 자와 같고 다스리는 자는 섬기는 자와 같을지니라"(눅 22:26)

이처럼 크리스천은 어떤 경우에도 십자가 사랑의 길을 가야 합니다. 켄트 키스(Kent Keith) 박사의 '역설적인 지도자의 십계명'이라는 글은 이런 크리스천의 남다른 삶의 모습을 잘 표현하고 있습니다.

1. 세상 사람들은 비논리적이고 비합리적으로 생각한다. 그러나 그들을 사랑하라.

2. 당신이 선행을 하면 생색낸다고 하여 비난을 받을지도 모른다. 그러나 선을 행하라.

3. 당신이 성공을 하면 그릇된 친구와 원수도 생길지 모른다.

그러나 성공하라.

4. 오늘 좋은 일을 해도 내일이면 허사가 될 수 있다. 그러나 좋은 일을 하라.

5. 정직하고 솔직하면 불이익을 당하거나 불리한 위치에 놓일 수도 있다. 그러나 정직하고 솔직하다.

6. 대의를 품은 이가 졸장부에 의해 넘어질 수도 있다. 그러나 대의를 생각하라.

7. 세상 사람들은 약자 편을 들면서도 강자만을 따른다. 그러나 소수의 약자를 위해 투쟁하라.

8. 오랫동안 공들여 쌓은 탑이 무너질 수도 있다. 그러나 탑을 계속 쌓아 올리라.

9. 필요한 사람들에게 도움을 주고도 공격을 받을 수 있다. 그러나 도움을 주라.

10. 당신이 가진 가장 좋은 것을 세상에 주고도 발로 차일 수 있다. 그러나 최선의 것을 세상에 주라.

어떻습니까? 당신의 마음속에도 이런 십자가 사랑의 길을 가고자 하는 마음이 있습니까? 요나단에게 다윗이 있었던 것처럼, 또 다윗에게 요나단이 있었던 것처럼 우리는 서로 감사하고 행복한 사람이 되어야 하겠습니다.

혹시 주변에 사망의 음침한 골짜기를 지나는 사람이 있습니까? 그렇다면 그의 요나단이 되어주십시오.

"좋은 친구를 기다리기보다는 스스로 누군가의 좋은 친구가 되어줄 때 행복하다."

바로 이 사실을 기억하며 우리 서로 요나단과 다윗이 되어 어렵지만 십자가의 길을 갈 수 있도록 서로의 내면을 굳게 지켜주십시다.

이와 같이 서로의 내면을 굳게 지켜주는 친구가 될 때 우리는 어떤 사망의 골짜기도 두려움 없이 이겨낼 수 있게 될 것입니다. 그리고 이 아름다운 우정으로 인하여 마침내 우리의 상처조차 별과 같이 빛나게 될 것입니다.

"그러나 이 모든 일에 우리를 사랑하시는 이로 말미암아 우리가 넉넉히 이기느니라"(롬 8:37)

09

동행, 어둡기에 더욱 고마운 동반이다

"주께서 나와 함께 하심이라
주의 지팡이와 막대기가 나를 안위하시나이다"

진실한 벗 하나 있다면

지금껏 제 나름대로 삶을 살아보니 인생 최고의 관계는 무엇보다 서로 '친구'가 되는 것입니다. 아내하고도 친구, 자녀하고도 친구, 후배하고도 친구, 목사 입장에서 장로, 권사, 집사님하고도 친구, 그리고 어린이와도 친구가 된다면 그것만큼 편안하고, 넉넉하고, 행복한 것이 없습니다. 고달픈 인생길에 이렇듯 진실로 동행할 수 있는 친구가 있다면 그는 참 행복한 사람입니다.

친구는 서로에게 집착하지 않기에 편안하고 넉넉합니다. 친구는 서로를 이해하기에 있는 그 모습 그대로 받아주고,

존중하고, 격려합니다. 친구는 서로의 사정을 살피기에 무리한 요구를 하지 않고, 뭔가 더 못해주어 미안해 합니다. 그래서 친한 친구와는 무엇이든 함께 하고 싶고 어디든 동행하길 원하는 것입니다.

언젠가 이런 인생의 동행을 생각하며 '그래서 나는 행복하다'라는 시를 쓴 적이 있습니다.

인생은 아름답다
삶 속에 숨겨진 의미는 아름답다
그 숨겨진 의미를 찾아내는 일은 더 아름답다
나는 그런 작업을 치열하게 하고 싶다

동행은 아름답다
함께 그 나라를 향해 가는 길은 아름답다
그 길에 작은 디딤돌이 되는 것은 더 아름답다
나는 그런 동행을 목숨 다하도록 하고 싶다
그래서 나는 행복하다.

―김석년의 시, 나는 행복하다

만일 이런 우정 어린 동행이 있다면 참 아름답고 행복한 인생을 살고 있는 것입니다. 마땅히 이런 은혜를 주신 하나님께 감사하고, 앞으로도 그 동행을 깊고 풍성하게 잘 가꾸어 갈 수 있도록 노력해야 할 것입니다.

그럼에도 인간의 우정이란 언제나 한계가 존재합니다. 아무리 우정 깊은 친구도, 우애 깊은 형제도 인생의 한계를 넘지 못하고 죽음 앞에 멈춰 서게 되는 것입니다.

역사상 가장 아름답고도 슬픈 동행의 흔적을 남겼던 사람 중에 인상파 화가 빈센트 반 고흐(Vincent van Gogh)가 생각납니다.

그에게는 동생 테오 반 고흐(Theo van Gogh)가 있었는데, 형제는 둘 다 미술에 재능이 있었습니다. 그러나 가난한 목사의 아들로 태어난 형제는 두 사람이 함께 미술 공부를 할 수가 없었고, 결국 동생이 미술을 포기하여 평생 형을 후원하기로 작정했습니다.

동생은 언제나 형과 함께 했습니다. 오늘날 고흐의 그림은 세계 최고의 걸작이 되었지만, 동생 외에 아무도 형의 그림을 주목하지 않았습니다. 형은 말년에 조울증으로 힘든 나날을 보냈지만, 언제나 그의 곁에서 동생이 위로와 격려를 해 주었기에 그림을 향한 자신의 열정을 끝까지 불태울 수 있었습니다.

그러던 어느 날 빈센트는 병이 악화되어 결국 스스로 생명을 버렸고, 동생 테오 역시 시름시름 앓다가 6개월 후에 세상을 떠나게 되었습니다.

지금도 프랑스 파리의 북쪽에 있는 오베르 쉬르 와즈(Auvers sur Oise)라는 마을에 반 고흐 형제가 생의 마지막을 함께 보냈던 집이 있고, 그 마을 한 쪽에는 형제가 나란히 누워있는 무덤이 있습니다.

형제는 그토록 동행하며 함께 하길 원했지만, 마지막 가는 길 만큼은 함께 할 수 없었습니다. 이것이 우리 인간의 한계입니다.

그토록 사랑하는 이들과 함께 하고 싶어도 인간의 한계성으로 인해 도저히 함께 할 수 없는 때가 찾아옵니다. 그래서 우리에게는 죽음과 인간의 한계를 넘어서는 동행이 필요합니다.

만일 이러한 동행이 있다면 그는 성공자를 넘어 진정한 인생의 행복자라고 말할 수 있습니다. 그런데 여기, 인간의 한계를 뛰어넘는 영원한 동행에 관한 약속이 있습니다.

"볼지어다 내가 세상 끝날까지 너희와 항상 함께 있으리라"(마 28:20)

이 예수 그리스도의 약속 덕분에 우리 인생은 오늘도 하나님과 놀라운 동행을 누릴 수 있게 되었습니다.

그럼에도 두려워하지 않는 것은

다윗은 이와 같은 하나님과의 동행을 신뢰하며 살았습니다. "주께서 나와 함께 하심이라 주의 지팡이와 막대기가 나를 안위하시나이다"(4절)

우리가 인생을 살다보면 종종 사망의 음침한 골짜기를 지날 때가 있습니다. 자신의 능력으로 어찌할 수 없는 불치의 병에 걸리기도 합니다. 갑자기 직장에서 해고를 당하기도 합니다. 사업이 뜻대로 안 되어 빚더미에 올라앉기도 합니다. 믿었던 동료에게 배신과 사기를 당하기도 합니다. 하는 일마다 안 되고 길이 막혀 답답할 때도 있습니다.

이런 어둠의 깊은 골짜기를 지날 때에 누군들 두려워하지 않고, 낙심하지 않을 수 있을까요? 두려워하고, 잠 못 이루고, 좌절하고, 절망하는 것이 인지상정(人之常情)일 것입니다.

그러나 다윗은 일반 사람들과는 다른 감정과 의지를 갖고 있었습니다. 비록 사망의 음침한 골짜기로 다닐지라도 해를 두려워하지 않았습니다. 그 이유가 무엇인가요?

"주께서 나와 함께 하심이라."

바로 하나님께서 자신과 함께 하신다는 임마누엘 신앙 때문이었습니다. 이처럼 우리도 하나님과의 동행이 확실해지면 상황은 죽을 것 같아도 모든 것을 이겨낼 수 있습니다. 문제는 사망의 음침한 골짜기에서 어떻게 임마누엘 신앙을 가질 수 있느냐는 것입니다.

다윗은 먼저 상황이 아닌 하나님을 바라보았습니다.

누구든지 죽을 것같이 고통스러운 일을 만나면 상황에 매여 두려워할 수밖에 없습니다. 그럴 때마다 우리는 눈을 돌려 하나님을 바라보아야 합니다.

다윗이 아들 압살롬의 반역을 피해 피난길에 올랐던 때의 일입니다. 다윗은 아들의 반역이라는 폐륜적인 환란 앞에 어쩌면 인생에서 가장 깊은 어둠의 골짜기를 지나고 있었습니다. 설상가상(雪上加霜)으로 다윗이 어느 마을을 지날 때 사울 왕의 친족 중에 하나였던 시므이라는 자가 나와 다윗을 향하여 악담을 퍼부었습니다.

"시므이가 저주하는 가운데 이와 같이 말하니라 피를 흘린 자여 사악한 자여 가거라 가거라 사울의 족속의 모든 피를 여호와께서 네게로 돌리셨도다 그를 이어서 네가 왕이 되었으나 여호와께서 나라를 네 아들 압살롬의 손에 넘기셨도다

보라 너는 피를 흘린 자이므로 화를 자초하였느니라 하는지라"(삼하 16:7-8)

이를 듣고 다윗의 신하들은 분노하며 그의 목을 베려고 했습니다. 그러나 다윗은 이 깊은 어둠의 상황에 매여 있지 않고, 얼른 눈을 돌려 하나님을 바라보았습니다. 그리고 부하들을 이렇게 타일렀습니다.

"여호와께서 그에게 명령하신 것이니 그가 저주하게 버려두라 혹시 여호와께서 나의 원통함을 감찰하시리니 오늘 그 저주 때문에 여호와께서 선으로 내게 갚아 주시리라"(삼하 16:11-12)

인생은 무엇보다 안목(眼目)이 중요합니다. 왜냐하면 무엇을 보느냐, 아니 무엇이 보이느냐에 따라 생각하고, 판단하고, 행동하게 되기 때문입니다. 다윗은 눈앞의 상황만 보고 일을 처리하지 않았습니다.

그는 자신의 폐부를 찌르는 저주와 독설에서조차 하나님을 발견하고자 노력했습니다. 그는 상황 너머에 있는 하나님의 섭리와 뜻을 생각하고, 오로지 믿음으로 하나님의 선하신 인도를 바라보고자 했던 것입니다.

그에 비하면 우리는 얼마나 연약한지, 조금만 자존심을 건드려도 참지 못하고 금세 폭발하고 맙니다. 저도 살다보면 종종 억울한 경험을 하게 됩니다. 그럴 때마다 주어진 상황에 갇혀 '네가 나에게 어떻게 이럴 수가 있어'라는 배신감으로 가득 찰 때가 있습니다.

그러나 곧 참새 한 마리도 하나님께서 허락하지 않으면 땅에 떨어지지 않으니 '이 일에도 분명 하나님의 뜻이 있을 것이다'라는 생각이 들게 되면 그 격한 감정도 차츰 수그러져 다시 하나님의 뜻을 구하게 됩니다.

그러므로 아무리 억울한 상황에 처해도 절대 속단하지 말아야 합니다. 감정대로 처신해서는 안 됩니다. 처해 있는 상황이 어두울수록 성급히 행동하지 말고, 그 상황을 가만히 살펴야 합니다. 어두움이 찾아온다면 그마저도 수용하고자 하는 마음을 가져야 합니다.

자신의 믿음을 지키기 위해 엄청난 수모와 박해를 받아야 했던 잔느 귀용(Jeanne Guyon)은 이렇게 말했습니다.

"나는 어두움을 좋아하도록 배웠다. 처해 있는 환경이 어두울수록 주의 얼굴은 더욱 빛났기 때문이다."

혹여 오늘 처한 상황이 어둡고, 두렵고, 죽을 것 같습니까? 상황에 오래 매여 있지 말고, 얼른 눈을 돌려 하나님을 바라보십시오. 그리고 기억하십시오. 하나님은 우리가 처한 어둠을 통과하는 열차의 '기관사'이십니다. 우리가 그 믿음의 열차에 올라타기만 하면 반드시 하나님께서 그 어둠의 터널을 돌파해 가실 것입니다.

"내가 두려워하는 날에는 내가 주를 의지하리이다"(시 56:3)

또한 다윗은 감정이 아닌 하나님의 인도를 따랐습니다.

깊은 어둠의 터널을 지날 때 우리의 마음은 두려움으로 요동치기 쉽습니다. 그럴 때마다 우리는 쉽게 감정대로 행하여 실수하고, 결국 파멸로 치닫게 됩니다. 그러나 이럴 때일수록 모든 것을 내려놓고, 조용히 주의 뜻이 무엇인지 그분의 음성에 귀를 기울여야 합니다.

"주의 지팡이와 막대기가 나를 안위하시나이다"

목자의 손에는 언제나 지팡이와 막대기가 있습니다. 지팡이는 주로 양들을 인도할 때 사용하는 것입니다. 물음표 모양의 긴 지팡이로 양들이 불안해 하거나 잘못된 길을 가고자 할 때 슬쩍 건드려서 바른 길로 가게 합니다.

또한 막대기는 주로 외부의 공격으로부터 양들을 보호할 때 쓰입니다. 야수들이 양을 해치려고 할 때마다 목자는 이 막대기를 휘둘러 양들을 지켜냅니다. 다윗은 늘 하나님의 지팡이와 막대기, 곧 자신을 인도하시는 하나님의 말씀에 민감하게 반응했습니다.

다윗이 사울 왕의 추격을 피해 도망하던 때 있었던 일입니다. 다윗이 엔게디 광야의 바위 굴에 숨어 있다는 첩보를 듣자 사울은 직접 군대를 거느리고 추적합니다. 이에 다윗은 사울을 피해 더 깊은 동굴에 숨어 있었습니다.

그런데 마침 사울이 용변을 보러 다윗이 숨어 있던 굴로 들어왔습니다. 숨죽여 지켜보던 다윗의 코앞에서 사울이 모든 무장을 해제한 채 일을 보게 된 것입니다.

다윗에게는 마치 하늘이 내린 기회로 보일 만큼 다시 없을 절호의 찬스였습니다. 부하들 역시 사울을 죽일 수 있는 기회라고 여기며 칼을 들고 나섭니다.

그러나 다윗은 그들을 막아서며 단호하게 말했습니다.

"내가 손을 들어 여호와의 기름 부음을 받은 내 주를 치는 것은 여호와께서 금하시는 것이니 그는 여호와의 기름 부음을 받은 자가 됨이니라"(삼상 24:6)

다윗은 깊은 사망의 골짜기에서 서운함과 분노를 앞세우며 감정대로 행하지 않았습니다. 사울을 죽일 수 있는 명분과 기회도 있었으나 그러지 않았습니다.

그는 감정대로, 여론대로 행하지 않았습니다. 그는 주의 지팡이와 막대기, 즉 하나님 말씀의 인도를 받았습니다.

다윗은 몰락해 가는 사울에게서 아직도 남아 있는 하나님

권위를 발견했습니다. 그래서 모두가 여론에 귀를 기울일 때에도 다윗은 아무도 듣지 못한 하나님의 말씀을 들을 수 있었던 것입니다.

이렇게 다윗이 사울을 선대한 것은 후에 사울을 따르던 지파들이 다윗에게도 마음을 여는 소중한 계기가 됩니다.

우리가 크리스천이라면 세상 사람들과 같이 인간적인 생각이나 감정, 혹은 여론의 흐름대로 처신해서는 안 됩니다. 결코 약삭빠르게 움직이는 기회주의자가 되어서도 안 됩니다. 설혹 비합리적이고 미련한 것처럼 보일지라도 먼저 십자가부터 바라보아야 합니다.

그리고 주의 뜻이 무엇인지 말씀을 따라 분별해야 합니다. 내 힘이 아니라 성령의 힘으로 모든 것을 사랑으로 행해야 합니다.

종종 그리스도인이기 때문에 손해를 보아야 할 경우가 있을 것입니다. 그때마다 손해 보아야 한다면 차라리 빼앗기기 전에 먼저 나눠줍시다. 잃어버리기 전에 먼저 나누십시다. 빼앗기거나 잃어버리는 것이 아니고, 주는 것이기에 물질을 잃어버려도 사람을 얻을 수 있습니다.

그러면 고난과 아픔의 어두움 가운데서도 빛이신 하나님께서 앞길을 비춰주실 것입니다.

"주의 말씀은 내 발에 등이요 내 길에 빛이니이다 주의 의로운 규례들을 지키기로 맹세하고 굳게 정하였나이다 나의 고난이 매우 심하오니 여호와여 주의 말씀대로 나를 살아나게 하소서"(시 119:107)

주여, 이 손을 꼭 잡고 가소서

"예수의 손에 십자가의 못 자국이 있기 전에, 먼저 목수 일로 생긴 굳은살이 박혀 있었다."

정호승 시인의 『내 인생에 힘이 되어준 한마디』라는 책에 나오는 한 구절입니다.

우리는 흔히 예수님의 십자가 사건을 위대한 사건이라고 찬양합니다. 그러나 우리가 놓치지 말아야 할 것이 있습니다. 바로 십자가 사건만큼이나 중요한 것이 바로 성육신 그 자체에 있다는 사실입니다.

예수님께서는 몸으로 세상에 오셨습니다. 그리고 공생애 이전부터 30년 간 끊임없이 하나님과 동행하며 일상을 충실히 살아내셨습니다.

이를 두고 오스왈드 챔버스(Oswald Chambers)는 "성육신의 경이는 주님이 평상의 유년시절을 보낸 데 있다"라고 말하였습니다.

예수님은 나무와 못을 만지는 목수로 일하시며 하나님과 늘 동행하셨고, 그 동행에 힘입어 십자가로 담대히 나아가실 수 있었습니다.

마찬가지로 우리 인생에도 누구나 어느 한 순간 찬란하게 빛나는 시기가 찾아올 것입니다. 그러나 그보다 더 아름답고 위대한 일은 매일의 지난한 일상에서 순간마다 임마누엘 동행을 이루며 살아가는 것입니다.

먼저 일상에서, 별 것 아닌 작은 일부터 하나님과의 동행을 자주 경험하다보면 마침내 사망의 음침한 골짜기에서도 주님과의 동행이 이루어질 것입니다.

살다보면 누구나 사망의 음침한 골짜기를 지나게 됩니다. 그때마다 상황에 휘둘리며 두려워하기보다 얼른 주의 얼굴을 구해야 합니다. 그때마다 감정에 휘둘려 분노하고 실수하는 것이 아니라 말씀을 좇아 하나님의 뜻을 구해야 합니다. 주님을 향해 손을 펼치고 외쳐야 합니다.

"주여, 제가 죽게 되었으니 저를 살려주소서!"

그러면 주님께서 권능의 손을 뻗어 우리를 사망의 늪에서 건져주실 것입니다.

미국 필그림침례교회 음악사역자였던 토마스 도로시

(thomas dorsey)가 작곡한 'Take My Hand, Precious Lord'는 이러한 우리의 고백을 잘 표현하고 있습니다.

주님이여 이 손을 꼭 잡고 가소서 약하고 피곤한 이 몸을
폭풍우 흑암 속 헤치사 빛으로 손잡고 날 인도하소서
인생이 힘들고 고난이 겹칠 때 주님이여 날 도와주소서
외치는 이 소리 귀 기울이시사 손잡고 날 인도하소서.
— 토마스 도로시의 작사, Take My Hand, Precious Lord

이처럼 주님의 손을 구할 때 일평생 우리의 삶 속에 예수 그리스도 임마누엘의 동행이 끊임없이 이어지게 될 것입니다.
"내가 사망의 음침한 골짜기로 다닐지라도 해를 두려워하지 않을 것은 주께서 나와 함께 하심이라 주의 지팡이와 막대기가 나를 안위하시나이다"(4절)

3

찬송으로 사랑을
고백하시겠습니까?

10

축배, 흘러넘치는 은혜이다

"주께서 내 원수의 목전에서 내게 상을 차려 주시고
기름을 내 머리에 부으셨으니 내 잔이 넘치나이다"

쥐어짜는 인생 & 흘러넘치는 인생

인생을 살아가는 사람들의 모습을 보면 크게 두 부류로 나눌 수 있습니다. 쥐어짜는 인생과 흘러넘치는 인생입니다.

먼저 '쥐어짜는 인생'을 사는 사람은 마치 물 한 방울 얻기 위해 마른 행주를 쥐어짜듯 힘겹게 살아갑니다. 당연히 짜증과 불평 가운데 하루하루를 살게 됩니다.

그러니 다 같은 일을 하는데도 그 사람만 유독 힘들어 합니다. 별 것 아닌 일인데도 피곤해하고, 마지못해 억지로 합니다. 참으로 안타깝고 불쌍한 인생입니다.

왜 이렇게 사는 것일까요? 일이 힘들어서 힘들기보다는 하나님의 풍성함을 알지 못하고, 자신의 힘으로 살아보려니 늘 쥐어짜듯 힘겹게 사는 것입니다.

다른 한편 '흘러넘치는 인생'이 있습니다. 그 역시 산다는 것은 온통 어려움뿐이지만 그럼에도 그 안에 하나님의 풍성함이 있기에 어떠한 형편이든지 평안과 여유를 잃지 않고 살아갑니다. 뿐만 아니라 그의 삶에 긍정의 에너지가 넘쳐 어려운 일이지만 기뻐하고 감사하며 쉽게 넉넉하게 행복하게 그 일을 해낼 수 있게 됩니다.

쥐어짜는 인생과 흘러넘치는 인생, 당신은 어떻게 살고 싶습니까?

하루는 교회 근처의 커피숍에서 손님을 기다리는데 자리가 부족하여 잠시 합석하게 되었습니다. 그런데 제 옆에 앉아 있던 40대 초반의 신사가 안절부절하며 연신 혼잣말을 토해내고 있었습니다.

"아, 미치겠다! 정말 죽겠다!"

그는 건물 바닥이 금방이라도 꺼질 듯 한숨을 내뱉었습니다. 보다 못한 저는 그에게 다가가서 물었습니다.

"무엇이 그리 어렵습니까?"

그는 사업이 어려워서 죽을 지경이라고 했습니다. 그에게

인생을 넉넉하게 잘 살 수 있는 길이 있는데 그대로 해보겠
냐고 물었습니다. 그러자 관심을 보였습니다.

그에게 예수님을 믿고 교회를 다니라고 말했습니다. 예수
님을 나의 주 하나님으로 믿으면 같은 어려움이지만 시각이
달라지고, 지혜가 생겨서, 넉넉하게 감당할 수 있다고 전해
주었습니다.

어찌나 진지하게 받아들이던지 그에게 그만 목사임을 밝
히고 축복기도까지 해주었습니다. 그랬더니 그는 금세 마음
이 편안해졌다고 하면서 얼굴이 밝아졌습니다.

그렇습니다. 우리가 예수 안에 있는 하나님의 풍성함을 알
고 맛보게 되면 삶의 질이 전혀 달라집니다. 끊임없이 에너
지가 넘치고, 지혜가 주어져서 어려운 일이지만 얼마든지 쉽
게 즐기면서 넉넉히 감당할 수 있습니다.

그래서 종교개혁자 마틴 루터(Martin Luther)는 당시 개혁의
어려움을 걱정하던 멜랑히톤(Philip S. Melanchthon)에게 이렇게
편지를 보냈습니다.

"우리 인생에 언제 어렵지 않은 적이 있었느냐? 오늘 우리
에게 문제가 되는 것은 상황이 어려운 것이 문제가 아니라,
우리의 믿음 없음이 가장 큰 문제이다."

우리의 인생은 믿음으로 인하여 언제나 흘러넘쳐야 합니다. 신나고 여유로워야 정상입니다. 죄 사함 받고 구원을 얻어 하나님의 자녀가 되었다는 진실한 믿음 하나만으로도 얼마든지 넘치는 행복으로 살 수 있습니다.

"주여, 우리의 생애가 믿음으로 말미암아 흘러넘치는 풍성한 인생이 되게 하소서!"

흘러넘치게 주시는 아버지의 은혜

우리 하나님 아버지는 자녀들에게 흘러넘치도록 복을 주기 원하십니다. 우리 자녀들이 하루하루 힘겹게 겨우 살아가는 것이 아니라 하나님의 좋은 것으로 흘러넘쳐 이 세상에 넉넉히 베풀고, 나누며 살기를 원하십니다.

이는 성경 역시 증거하는 바입니다.

- 아버지 하나님은 '필요'을 넘치게 주십니다.

  "나의 하나님이 그리스도 예수 안에서 영광 가운데 그 풍성한 대로 너희 모든 쓸 것을 채우시리라"(빌 4:19)

- 아버지 하나님은 '축복'을 넘치게 주십니다.

  "주라 그리하면 너희에게 줄 것이니 곧 후히 되어 누르

고 흔들어 넘치도록 하여 너희에게 안겨 주리라"(눅 6:38)

- 아버지 하나님은 '기적'을 넘치게 주십니다.

  "다 배불리 먹고 남은 조각을 열두 바구니에 차게 거두었으며"(마 14:20)

- 아버지 하나님은 '성령'을 넘치게 주십니다.

  "나를 믿는 자는 성경에 이름과 같이 그 배에서 생수의 강이 흘러나오리라 하시니 이는 그를 믿는 자들이 받을 성령을 가리켜 말씀하신 것이라"(요 7:38-39)

- 아버지 하나님은 '은혜'를 넘치게 주십니다.

  "하나님이 능히 모든 은혜를 너희에게 넘치게 하시나니 이는 너희로 모든 일에 항상 모든 것이 넉넉하여 모든 착한 일을 넘치게 하게 하려 하심이라"(고후 9:8)

이처럼 흘러넘치게 은혜를 부어주시는 하나님을 "아버지"라고 고백하면서도 여전히 쥐어짜는 인생을 사는 이들이 있다니 참으로 이상한 일입니다. 도대체 어떻게 하나님을 믿기에 그토록 오래 믿었는데도 쥐어짜는 인생을 살고 있는 것일까요?

앞서 나누었던 커피숍 사례와는 정반대의 사례가 있습니

다. 예수를 믿은 지 얼마 안 된 청년의 이야기입니다.

그가 대학원을 마치고 어느 회사에 취직하게 되었습니다. 그런데 그와 같이 입사한 동료가 그를 사사건건 간섭하고, 또 무시하여 그의 기분을 자주 상하게 만들었다고 합니다.

하루는 그 청년이 같은 부서 직원들에게 커피를 뽑아 대접했습니다. 그런데 커피를 받아든 그 입사 동료는 자신이 전에 자판기 커피 못 마신다고 했는데 왜 가져왔느냐며 짜증을 내더랍니다.

그만 참지 못한 청년은 화가 치밀어 올라서 한바탕하려는 찰나에 갑자기 생각이 떠올랐습니다.

'아 참, 내 안에 예수님이 계시지?'

그래서 청년은 얼른 감정을 가라앉히고 속으로 말했다고 합니다.

'너, 예수님 아니면 죽었다. 그래, 그러자. 예수님 때문에 내가 죽는다.'

이후에도 상황은 나아진 것이 없고, 지금도 그 동료가 종종 자신을 거슬리게 하지만 그럼에도 그 청년은 예수님과 함께 직장 생활을 즐겁게 하고 있다고 고백했습니다.

이제 막 예수님을 믿은 청년도 이렇게 넉넉히 살아가게 하는 것이 믿음의 풍성입니다. 그런데 그토록 오래 믿었는데도 여전히 쥐어짜는 인생을 살고 있다면 분명 무슨 문제가 있는 것 아닐까요? 그래서 저는 종종 사람들에게 농담 반 진담 반으로 이야기합니다.

"예수 믿고 웃지 못하며 사는 것도 기적이다."

향연의 식탁으로의 초대

노래, 영화, 연극 등 어떤 장르든지 클라이맥스가 있기 마련입니다. 마찬가지로 시편 23편에도 클라이맥스가 있다면 그것은 단연 5절일 것입니다.

"주께서 내 원수의 목전에서 내게 상을 차려주시고 기름을 내 머리에 부으셨으니 내 잔이 넘치나이다"(5절)

팔레스타인의 목자들은 계절이 바뀔 때면 양들을 높은 고원지대의 평평한 바위들이 있는 곳으로 인도한다고 합니다. 언덕의 꼭대기가 평탄하고, 주위는 경사면을 이루는 이런 지형을 흔히 '메사'(mesa)라고 부르는데, 터를 잡고 주변을 살피기에 매우 유리한 조건을 가지고 있습니다.

팔레스타인의 목자들은 이런 바위들이 펼쳐지는 고원지

대를 발견하게 되면 환호합니다. 그리고 이곳에 올라 주변을 정리하고, 더러운 것들을 치워냅니다.

이윽고 양떼도 목자를 따라 올라오면 그 바위 위에서 한동안 머물면서 지친 몸을 누이는 석양의 축제가 시작됩니다.

높은 곳에서 쉬다보면 양떼를 줄기차게 따라오던 늑대 같은 야생 짐승들도 멀찍이 서서 쳐다볼 수밖에 없습니다. 그러면 목자는 그 원수들의 목전에서 사랑하는 양떼를 위하여 향연의 식탁을 베풉니다.

양을 한 마리씩 자기 품에 안아주기도 하고, 상처가 있으면 기름을 붓기도 합니다. 그 기름은 양의 온몸을 타고 흘러 아픈 상처를 깨끗이 씻어줍니다.

목자는 옆에 차고 있는 물병을 열어 양의 목을 적셔주기도 하고, 온몸에 물을 끼얹어주기도 합니다. 양들은 한없는 평안과 기쁨 속에 뒹굴며 행복해 합니다.

이것이 바로 목자였던 다윗이 스스로 양떼에게 원수들 목전에서 베풀어 주었던 은혜의 밥상(床)이었습니다.

놀랍게도 목자 되신 여호와 하나님께서 다윗에게도 이러한 은혜의 밥상을 베풀어 주셨습니다. 여호와께서 베푸신 향연의 식탁은 다윗에게 크게 세 가지 의미로 다가옵니다.

- **하나님의 가족으로 인정받는 식탁입니다.**

주께서 그를 위해 베푸시는 식탁으로 인해 이제 그는 주의 로얄 패밀리(Royal Family)가 되었습니다. 아무도 그를 감히 건드릴 수가 없습니다. 그 식탁에 함께 함으로 인해 누구도 그를 해할 수 없게 되었습니다.

"천만인이 나를 에워싸 진 친다 하여도 나는 두려워하지 아니하리이다 구원은 여호와께 있사오니 주의 복을 주의 백성에게 내리소서 (셀라)"(시 3:6, 8)

- **인생의 상처가 치유되는 식탁입니다.**

하나님의 로얄 패밀리로 인정되어 주님과 함께 식사하며 주의 위로의 말씀을 들으니 그동안 있었던 그의 모든 상처가 치유되고, 회복되어집니다. 그 식탁에서 참된 안식과 평화를 누리게 되었습니다.

"주께서 내 마음에 두신 기쁨은 그들의 곡식과 새 포도주가 풍성할 때보다 더하니이다 내가 평안히 눕고 자기도 하리니 나를 안전히 살게 하시는 이는 오직 여호와이시니이다"(시 4:7-8)

- **하나님과 하나 됨을 누리는 식탁입니다.**

주께서 베푸시는 음식을 함께 먹으며 서로 사랑의 대화를 나눕니다. 서로 간에 조그마한 비밀도 없습니다. 주님은 그 안에 거하시고, 그는 주님 안에 거하게 됩니다. 주님의 모든 것이 다 그의 것이 되었습니다.

그래서 필요가 넘치게 됩니다. 축복도, 기적도, 성령도, 은혜도 넘쳐흐릅니다. 그리하여 마침내 기쁨으로 충만하게 되는 것입니다.

"나는 오직 주의 사랑을 의지하였사오니 나의 마음은 주의 구원을 기뻐하리이다 내가 여호와를 찬송하리니 이는 주께서 내게 은덕을 베푸심이로다"(시 13:5-6)

누구든지 주께서 베푸시는 식탁에 초대되면 그 은혜로 인하여 탄성을 터뜨릴 수밖에 없습니다. 오늘도 하나님께서는 우리를 이 향연의 식탁으로 초대하십니다. 우리가 세상에 살다보면 사망의 음침한 골짜기를 다니기도 하고, 때론 원수들에게 조롱을 당하기도 하지만 하나님께서는 친히 원수들 앞에서 우리를 그 식탁으로 초대하십니다.

"사람의 마음을 기쁘게 하는 포도주와 사람의 얼굴을 윤택하게 하는 기름과 사람의 마음을 힘있게 하는 양식을 주셨도다"(시 104:15)

여기에 성육신의 놀라운 신비가 있습니다. 왜냐하면 우리에게 이 향연의 식탁을 베풀기 위해서 친히 밥이 되신 선한 목자가 계시기 때문입니다.

그가 바로 우리 주 예수 그리스도이십니다. 예수님께서는 원수들의 손에 의해 십자가에 죽으시고, 친히 밥이 되시어 우리에게 성찬을 베푸셨습니다. 그리고 우리를 그 식탁의 자리로 초청하십니다.

"예수께서 이르시되 나는 생명의 떡이니 내게 오는 자는 결코 주리지 아니할 터이요 나를 믿는 자는 영원히 목마르지 아니하리라"(요 6:35)

이 성찬이 베풀어지는 메사의 자리가 다름 아닌 주의 '교회'이며, 이 놀라운 잔치가 이루어지는 시간이 바로 주를 향한 '예배'입니다. 우리는 세상에 살며 힘들 때마다, 지치고 고단할 때마다 교회의 예배를 통해 위로와 회복과 넘침의 은혜를 경험할 수 있습니다.

따라서 어려운 일이 있을수록 속히 교회로 나아갑시다. 주의 성전에는 항시 주의 식탁, 예배가 준비되어 있습니다. 주일 예배, 수요 예배, 금요 예배, 새벽 예배, 소그룹 예배에 와서 하나님께 예배를 드리면 그때마다 우리 안의 주님께서 성령으로 감싸안으실 것입니다.

"사랑하는 자야, 너는 내 것이다. 무엇도 너를 해칠 수 없단다. 내가 너를 사랑한단다. 여기 너를 위해 준비된 향연의 식탁이 있단다. 마음껏 나와 함께 먹고 즐기자. 너는 나로 인하여 영원히 살자구나!"

이런 주님의 음성을 듣고 느끼게 되면 우리도 자연스레 고백하게 됩니다.

"사랑합니다! 감사합니다! 저는 주의 것입니다. 주님 밖에는 나의 주가 없습니다!"

그러면 어느새 어려움은 온데간데없어지고 우리에게 주의 사랑, 주의 평안, 주의 축복, 주의 성령, 주의 은혜가 흘러넘치게 될 것입니다.

내 잔이 넘치나이다

정연희 작가의 소설 『내 잔이 넘치나이다』는 일제 강점기를 배경으로 평양의 한 유복한 기독교 가정에서 태어났던 맹의순 씨의 생애를 다룬 작품입니다.

그는 우리가 보기에 참으로 고통스런 삶을 살아야 했습니다. 어린 시절에는 누이와 형님의 죽음을 경험했습니다. 신학교를 다니던 시절에는 어머니와 여동생을 잃어야 했습니다. 그 많던 가산도 흔적 없이 사라지고 말았습니다. 그럼에도 그는 예수 신앙을 지키며 꿋꿋이 살았습니다.

해방 후, 그가 신학교를 다니던 때였습니다. 불안했던 정국 속에 결국 한국전쟁이 발발하게 되었습니다. 그러자 그에게는 또 다시 큰 고통이 밀려왔습니다. 공산군에게 붙잡혀 모진 수모를 겪어야 했고, 다시 전쟁을 피해 부산으로 피난하다가 도리어 공산군으로 오인받아 포로수용소로 끌려가게 된 것입니다.

그는 졸지에 공산군이 되어 2년 간 억울하게 옥살이를 하며 온갖 고생을 다 겪게 되었습니다. 그러나 그는 억울한 고난 속에서도 불평하지 않았고, 그곳에 있는 공산군 포로들과 환자들을 돌보고 위로하는 사랑의 삶을 살았습니다.

어느덧 그의 신분이 밝혀지게 되었고, 곧 그에게 석방 명령이 내려지게 되었습니다. 그러나 그는 함께 생활하던 포로들이 눈에 밟혀 그곳을 떠날 수 없었습니다. 결국 그는 지옥 같은 수용소에 그대로 남아 있기로 결정했습니다.

"주여, 지옥이 존재한다는 것을 알면서도 제가 어찌 천국을 즐기겠습니까? (중략) 만일 그들의 고통을 덜어줄 수가 없다면 저는 차라리 지옥에 남아 그들과 함께 고통을 나누겠나이다."

그는 열악한 포로수용소에 있는 이들을 섬기고, 복음을 전하는 것이 하나님께서 자신에게 주신 소명이라고 여겼습니다. 이 하나님의 부르심대로 그는 수용소에서 적들의 발을 씻기고, 환자를 돌보며 하나님의 사랑을 실천했습니다.

그리고 결국 과로로 쓰러져 스물여섯의 꽃다운 나이에 짧은 생애를 마감하게 되었습니다. 그가 죽었다는 소식이 들려오자 공산군 포로들은 통곡을 하며 이런 추도문을 보내왔습니다.

"1952년 8월 11일 새벽 3시, 우리는 맹 선생의 죽음을 통곡합니다. 애통합니다. 선생님께서 환자를 다 씻긴 다음에는 언제나 시편 23편을 중국말로 더듬더듬 읽어주시던 음성이 귀에 들려옵니다. 그리고 하늘을 바라보시며 '내 잔이 넘치나이다. 내 잔이 넘치나이다.' 외치시며 그 자리에서 쓰러지셨고 우리 곁을 떠나셨습니다. (중략) 맹 선생님, 편히 잠드소서. 우리는 맹 선생님을 영원히 잊지 않을 것입니다."

어떻게 이런 일이 가능한 것일까요? 온갖 비극과 억울함으로 가득한 인생임에도 불구하고 어떻게 "내 잔이 넘치나이다"라고 고백할 수 있었을까요? 그야말로 하나님이 주시는 하늘의 풍성이 아니고는 경험할 수 없는 일입니다.

우리 역시 이토록 흘러넘치는 풍성을 경험하려면 무엇보

다 두 가지가 전제되어야 합니다. 바로 비움과 채움입니다. 먼저는 내 잔이 비워져야 합니다. 내 가슴속에 남아 있는 쓴 잔을 비워야 합니다. 비운다는 것은 회개입니다. 다윗의 일생을 보아도 그가 회개할 때에 은혜의 잔이 흘러넘쳤습니다.

"주의 얼굴을 내 죄에서 돌이키시고 내 모든 죄악을 지워주소서 하나님이여 내 속에 정한 마음을 창조하시고 내 안에 정직한 영을 새롭게 하소서 나를 주 앞에서 쫓아내지 마시며 주의 성령을 내게서 거두지 마소서 주의 구원의 즐거움을 내게 회복시켜 주시고 자원하는 심령을 주사 나를 붙드소서"

(시 51:9-12)

우리는 은혜를 은혜로 받지 못하는 교만을 회개해야 합니다. 양심의 가책되는 죄악들을 회개해야 합니다. 깊이 감추어 놓은 은밀한 죄를 회개해야 합니다. 끝없이 더 채우고자 하는 욕망과 탐욕을 회개해야 합니다. 주어진 환경에 자족하지 못하는 비교의식과 허영심을 회개해야 합니다.

이렇게 가난한 마음으로 겸손히 무릎을 꿇고 죄를 자백할 때에야 은혜의 잔이 흘러넘치게 되는 것입니다.

그 다음은 채움, 곧 하나님의 기름 부으심이 있어야 합니다.

"기름을 내 머리에 부으셨으니."

여기서 기름이 머리에 부어졌다는 것은 성령님의 임재를

상징합니다. 선한 목자이신 예수님께서 부활 승천하시면서 우리에게 성령이 임하게 되었습니다.

"나를 믿는 자는 성경에 이름과 같이 그 배에서 생수의 강이 흘러나오리라 하시니 이는 그를 믿는 자들이 받을 성령을 가리켜 말씀하신 것이라"(요 7:37-38)

사도 바울 역시 소위 '성령장'이라고 불리는 로마서 8장을 통해 말로 다할 수 없는 박해에도 불구하고 성령 충만하여 이렇게 승리의 노래를 불렀습니다.

"누가 우리를 그리스도의 사랑에서 끊으리요 환난이나 곤고나 박해나 기근이나 적신이나 위험이나 칼이랴 그러나 이 모든 일에 우리를 사랑하시는 이로 말미암아 우리가 넉넉히 이기느니라"(롬 8:35-37)

그러므로 지금 우리가 구해야 하는 것은 무엇보다 성령 충만입니다. 오늘 우리가 쥐어짜듯 힘겹게 사는 것은 상황이 어려워서가 아닙니다. 우리가 제대로 비워지지 않았기 때문이고, 성령으로 충만치 못하기 때문입니다.

성령님이 우리에게 임하시면 어떤 상황에서도 평안의 잔이, 감사의 잔이, 사랑의 잔이 넘치게 될 수 있습니다. 어떤 환경에서도 그 향연의 식탁을 누리게 될 수 있습니다. 그리 될 때 마침내 우리도 초대교회 시절에 성령으로 충만했던 한

무명의 순교자처럼 다음과 같이 노래하게 될 것입니다.

나를 저주하십시오

당신들이 나를 저주하면 할수록

더욱 나는 당신들을 사랑할 것입니다

내게 침을 뱉어 보십시오

그러면 나는 사랑의 숨결을 뿜어낼 것입니다

나를 때리십시오

나는 신음 소리로 사랑을 고백할 것입니다

나를 찌르십시오

나는 사랑한다고 절규할 것입니다

나를 짐승의 먹이로 던지십시오

나는 사랑의 제물이 될 것입니다

나를 불태우십시오

그러면 나는 사랑의 열기로

당신의 증오의 가슴을 녹일 것입니다.

—무명 순교자의 시

11

확신, 결코 요동하지 않는 인생이다

"내 평생에 선하심과 인자하심이 반드시 나를 따르리니"

흔들리는 세상 흔들리지 않는 사람

언젠가 신문의 사설에서 읽은 내용입니다. 노 부부가 서로 사랑스런 대화를 나누면서 시작되는 구수한 이야기입니다.

할아버지가 할머니에게 말합니다.
"임자, 심심헌디 얘기 하나 해줄까?"
"재미없으면 오늘 저녁 밥 없슈."
"한 남자가 늘 지갑에 마누라 사진을 넣고 다닌디야. 그리고 심각한 일이 생기면 항상 마누라 사진을 들여다본디야. 그럼 그 일이 모두 괜찮아진디야."

"조강지처만큼 힘이 되는 존재가 없지유."

"그게 아녀. 이 여자가 내 마누라다. 이것보다 더 심각한 일이 뭐가 있겠나 싶은 게 어떤 고난도 이겨내게 된디야."

"……."

"왜, 화난겨?"

"아니유, 조강지처 주제에 화는 무슨. 봄이 얼마만큼 왔나 궁금해서 그려유. 내 인생에도 다시 봄이 올랑가. 헛말이라도 '너는 나의 꽃이여, 영원히 지지 않는 꽃이여'하고 속삭여주는 남정네랑 죽기 전에 연애 한 번 할 수 있을랑가. 서글퍼서 그려유, 서글퍼서."

오랜 세월 함께 정을 나눈 노 부부가 도란도란 대화를 나누는 모습이 참으로 구수하고 정겨워 보입니다. 하지만 이렇게 다정한 부부요 가정이라고 할지라도 그 내막을 잘 몰라서 그렇지 집집마다 한 가지씩 어려움이 있고, 말할 수 없는 아픔이 있습니다. 세상에 흔들리지 않는 인생, 가정이 어디 있을까요?

도종환 시인은 이런 인생의 요동함을 꽃줄기에 빗대어 다음과 같이 표현했습니다.

흔들리지 않고 피는 꽃이 어디 있으랴

이 세상 그 어떤 아름다운 꽃들도

다 흔들리면서 피었나니

흔들리면서 줄기를 곧게 세웠나니

흔들리지 않고 가는 사랑이 어디 있으랴.

—도종환의 시, '흔들리며 피는 꽃' 중에서

그러나 흔들리는 것도 잠시여야지 하루가 멀다 하고 매일 흔들리며 산다면 인생을 사는 자신이 불행이요, 같이 사는 가족도 불행이요, 함께 하는 주변 사람들도 불행입니다.

특히 리더가 흔들리면 그가 속한 공동체는 모든 것이 흔들리고 불안해집니다. 무엇에도 유혹받지 않고, 흔들리지 않으며, 나만의 길을 갈 수 있어야 진정한 리더인 것입니다.

특별히 우리 인생을 흔드는 두 가지 마음이 있는데 그것은 부러움과 두려움입니다. 나는 어떻습니까? 부러움과 두려움에 흔들리고 있지는 않습니까?

부러운 마음은 곧 시기, 질투, 미움, 분노로 이어질 것이고, 두려운 마음은 곧 근심, 걱정, 염려, 무기력, 좌절, 절망으로 바뀌게 될 것입니다.

그러나 시편을 보면 이처럼 흔들리는 세상 속에서도 좀처럼 흔들리지 않는 사람들이 나옵니다.

"네 짐을 여호와께 맡기라 그가 너를 붙드시고 의인의 요동함을 영원히 허락하지 아니하시리로다"(시 55:22)

바로 모든 일을 목자되신 여호와 하나님께 맡기고, 그분을 신뢰하는 사람들입니다. 이들은 어떤 어려움이나 아픔이 찾아와도 요동하지 않습니다. 남들을 부러워하지도, 상황에 두려워하지도 않습니다. 오직 목자되신 하나님을 의지하며 도리어 이렇게 고백합니다.

"하나님은 우리의 피난처시요 힘이시니 환난 중에 만날 큰 도움이시라 그러므로 땅이 변하든지 산이 흔들려 바다 가운데에 빠지든지 바닷물이 솟아나고 뛰놀든지 그것이 넘침으로 산이 흔들릴지라도 우리는 두려워하지 아니하리로다 셀라"(시 46:1-3)

하나님의 선하심

다윗은 인생의 거센 풍파에도 불구하고 크게 흔들리지 않았습니다. 이처럼 그가 세상의 어떤 환난에도 요동하지 않는 이유는 무엇일까요? 그가 남달리 강심장이기 때문일까요? 혹은 그가 반복된 인생의 상처로 굳은살이 생겨 고통을 느끼지 못하는 것일까요? 그렇지 않습니다. 다윗이 요동하지 않았던 진정한 이유는 바로 자신에게 하나님의 선하심과 인자하심이 반드시 따를 것이라는 확신이 있었기 때문입니다.

"내 평생에 선하심과 인자하심이 반드시 나를 따르리니"(6절) 먼저 다윗은 하나님의 '선하심'에 대한 확신이 있었습니다.

하나님께서는 언제나 그에게 모든 것에서 선으로 대해주셨습니다. 비록 처음에는 고생, 고난, 환난, 억울함, 배신, 반역으로 가득한 인생 같았으나 하나님은 그 모든 것을 선으로 바꾸어주셨습니다.

소년 시절에 그는 광야에서 양치는 자로 외롭고 고달픈 세월을 지내야 했습니다. 그러나 하나님께서는 그곳에서 그를 강인한 용사로 훈련을 시키셨습니다. 그의 강건한 육체와 물맷돌 실력은 이스라엘을 위협하는 적장 골리앗을 쓰러뜨리는 하나님의 능력이 되었습니다(삼상 17:48-49).

골리앗과의 싸움에서 승리한 이후 다윗은 사울 왕의 무서운 시기와 위협을 받아야 했습니다. 결국 그는 광야로 도망쳐 아둘람이란 굴에서 숱한 고생을 하며 지내야 했습니다. 그러나 하나님께서는 그곳으로 당시 시대의 억울함을 당한 자들 400여 명을 모아주시고, 후에 다윗과 생사를 같이 하는 통일 왕국의 동지가 되게 하였습니다(삼상 22:1-2).

하나님의 약속대로 다윗이 이스라엘 왕으로 등극하게 되었지만 여전히 나라는 남쪽 지파와 북쪽 지파 간에 분열의 골이 깊었고, 주변국들의 전쟁 위협 또한 끊이지 않았습니다.

그러나 하나님께서는 도리어 그 기회를 통하여 통일 왕국의 기틀을 마련하게 하셨습니다.

성경은 당시 상황을 이렇게 증언합니다.

"만군의 하나님 여호와께서 함께 계시니 다윗이 점점 강성하여가니라"(삼하 5:10)

다윗의 말년 역시 평탄치 않았습니다. 압살롬의 반란, 세바의 반란 등 수많은 역경이 있었습니다. 그럼에도 불구하고 하나님께서는 다윗을 이스라엘 역사상 가장 위대한 왕으로 영원히 세워주실 것을 약속하시고, 친히 신실하게 그 약속을 지키셨습니다(삼하 7:8-9).

이처럼 다윗의 평생은 온갖 고난으로 뒤엉킨 날들이었지만 하나님께서는 이 모든 것을 선으로 바꾸어주셨습니다. 그래서 그는 고백할 수 있었던 것입니다.

"내 평생에 하나님의 선하심이 나를 따랐습니다!"

어떻습니까? 다윗처럼 고백할 수 있습니까? 하나님의 사람들은 모두 이 같은 하나님의 선하심에 대한 분명한 확신이 있었습니다. 그래서 사도 바울 역시 이 하나님의 선하심을 확신하며 담대하게 선포했던 것입니다.

"우리가 알거니와 하나님을 사랑하는 자 곧 그의 뜻대로 부르심을 입은 자들에게는 모든 것이 합력하여 선을 이루느니라"(롬 8:28)

하나님의 인자하심

또 하나, 다윗이 요동하지 않을 수 있었던 더 깊은 이유가 있습니다. 바로 그가 하나님의 인자하심에 대한 확신이 있었기 때문입니다. 인자하심, 그것은 우리의 잘못과 범죄에도 불구하고 죄를 용서하시고 받아주시는 끝없는 하나님의 사랑에서 시작됩니다.

다윗은 결코 완벽한 사람이 아니었습니다. 앞에서 살펴본 것처럼 다윗 역시 많은 실수와 죄를 범했던 연약한 사람이었습니다. 그중 최악의 범죄로 지목되는 것이 바로 충신 우리야의 아내 밧세바를 취한 것입니다.

이 사건을 통해 다윗은 하나님께서 싫어하시는 거짓, 간음, 살인이라는 심각한 죄악을 총체적으로 저지르고 말았습니다. 도저히 용서받을 수 없는 죽어 마땅한 죄였습니다. 그러나 하나님께서는 선지자를 통해 친히 그를 돌이키셨고, 그의 진실한 회개를 받아들여 그 죄를 용서해주셨습니다.

그의 회개에 대해서는 시편 32, 51편에 잘 나타나 있습니다. 이 시편들을 보면 통회, 자백하는 눈물의 회개와 함께 하나님의 자비하심에 대한 다윗의 믿음을 발견할 수 있습니다.

"악인에게는 많은 슬픔이 있으나 여호와를 신뢰하는 자에게는 인자하심이 두르리로다"(시 32:10)

"하나님께서 구하시는 제사는 상한 심령이라 하나님이여 상하고 통회하는 마음을 주께서 멸시하지 아니하시리이다"(시 51:17)

그리하여 다윗은 비록 범죄에 대한 징계로 첫아들을 잃어야 했지만, 얼마 후에 하나님께서는 다시금 완전한 용서의 표시로 솔로몬이라는 아들을 그에게 주셨습니다.

그리고 하나님께서는 친히 솔로몬을 향하여 그 이름을 여디디야, 곧 '하나님께 사랑을 입은 자'라고 불러주셨습니다.

나아가 하나님께서는 다윗의 가문에서 하나님의 아들 예수 그리스도가 탄생하는 영광 또한 허락하셨습니다.

이것이 바로 하나님의 인자하심입니다. 그래서 그는 고백할 수밖에 없습니다.

"내 평생에 하나님의 인자하심이 나를 따랐습니다!"

다윗처럼 이렇게 고백할 수 있습니까? 잊지 마십시오. 만일 하나님의 인자하심이 없었다면, 그래서 골고다 언덕의 십자가가 없었다면 우리 역시 죄악으로 인해 살아있을 자가 아무도 없었을 것입니다. 오늘 우리가 살아있는 것도 그야말로 하나님의 인자하심 덕분입니다.

"여호와의 인자와 긍휼이 무궁하시므로 우리가 진멸되지 아니함이니이다 이것들이 아침마다 새로우니 주의 성실하심이 크시도소이다"(애 3:22-23)

절대 포기하지 않는 하나님의 추적

"내 평생에 선하심과 인자하심이 반드시 나를 따르리니"(6절)

우리는 여기에서 '따르리니'라는 단어에 주목해 볼 필요가 있습니다. 모팻 고트리(R. Moffat Gautrey)는 그의 책 『이 대단한 연인』에서 다소 약하게 번역된 이 단어를 좀 더 강한 의미로 바꾸어 번역해야 한다고 지적합니다.

예를 들면 "선하심과 인자하심이 내가 사는 날 동안 나를 추적하고, 붙어 다니며 괴롭게 하고, 내 걸음 하나하나를 미행하리니"와 같이 말입니다.

바로 이 하나님의 선하심과 인자하심의 '끈질긴 추적'으로 인하여 우리는 (그렇게 하나님으로부터 도망쳐 달아나 보았지만 결국은 붙잡혀) 예수를 구주로 믿게 되었고, 오늘의 나로 존재하게 되었습니다. 이 하나님의 끈질긴 사랑의 추적을 말콤 머거리지(Malcolm Muggeridge)는 다음과 같이 표현합니다.

"맞습니다. 당신은 거기 계셨습니다. 나도 압니다…내가 아무리 멀리 그리고 빨리 달려도 여전히 내 어깨 너머로 바짝 따라오는 당신의 모습을 흘끗 볼 수 있었지요. 그러면 그 어느 때보다 더 빨리, 그리고 더 멀리 달리면서 '이제는 정말로 도망쳤다'고 의기양양했습니다. 그러나 아니요, 당신은 여전히 내 뒤를 따라오고 계셨습니다. 그리곤 어느새 나를 지나 저 앞에 가서 내가 오기를 기다리고 계셨습니다. 아, 더 이상 도망칠 길은 없습니다."

사실 이것은 저의 고백이기도 합니다.

저는 16세 소년 시절에 결핵으로 척추 수술을 받아야 했습니다. 그야말로 죽음을 넘나드는 대수술이었습니다. 그래서 지금도 제 허리와 옆구리에는 30센티미터가 넘는 큰 수술의 흔적이 남아있습니다.

이 수술로 인해 저는 자라야 할 만큼 키가 자라지 못했습니다. 몸의 회복을 위해 고등학교를 1년 휴학해야 했습니다. 수술의 후유증으로 늘 피곤했고, 잔병에 시달려야 했습니다.

당연히 공부에 집중할 수 없었습니다.

대학 진학은 실패하였습니다. 그래서 청년 시절에 깊은 열등감에 시달렸습니다. 방황했습니다. 분노했습니다. 반항했습니다. 하나님을 떠나 멀리 달아나고 싶었습니다. 실제로 멀리 도망치기도 했습니다.

그러나 하나님의 선하심과 인자하심은 저를 결코 포기하지 않았습니다. 도망가면 갈수록 더욱 저를 추적하여 어느새 제 앞에 찾아와 다시 붙잡으셨습니다. 도저히 하나님을 벗어날 수 없었습니다.

이 포기하지 않으시는 하나님 사랑의 추적 덕분에 오늘 제가 이렇게 있을 수 있었습니다. 하나님의 추적은 결코 중도에 포기하는 법이 없습니다. 세상 끝 날까지 우리를 추적하셔서 반드시 그 선하심과 인자하심 안에 거하게 하십니다. 그야말로 끈질긴 사랑의 추적입니다.

여전히 저는 허리가 아픕니다. 피곤한 날이나 비가 오려는 날이면 유독 더 아파옵니다. 그러나 이제 이 아픔을 하나님의 사인(sign)으로 받아들입니다.

이 고통을 통해 저를 찾으시는 하나님께 더욱 가까이 나아갑니다. 저를 돌아보며 회개합니다. 저와 같이 아프고 연약한 이들을 생각하며 기도합니다. 이미 죽었어야 하는 죄인임을 생각하며 가난한 마음을 소유합니다.

돌이켜 보면 그 척추 수술이 있었기에 지금의 제가 있을 수 있었습니다. 하나님께서는 부족하고 병약한 철부지인 저의 모든 기도에 다 응답해 주셨습니다.

이제는 부러운 것도 없습니다. 두려운 것도 없습니다. 열등감도 없습니다. 우월감도 없습니다. 불평도 불만도 없습니다. 도리어 평안하고, 넉넉하고, 충만합니다.

이렇게 좋은 것이 바로 예수 신앙의 행복입니다. 저는 이제 진정 예수님 한 분으로 넉넉하고 행복합니다.

그동안 잊고 지냈더라도 당신의 인생에도 이런 하나님의 선하심과 인자하심의 은혜가 가득합니다. 지금 자신의 삶을 돌아보며 하나님의 선하심과 인자하심의 은혜를 낱낱이 기록한다면, 아마 그 크신 사랑에 놀라게 될 것입니다. 그렇다면 하나님께 감사하며 그 끝에 이렇게 적어보십시오.

"과거는 에벤에셀 은혜에 맡기고, 현재는 임마누엘 은혜에 맡기고, 미래는 여호와 이레 은혜에 맡기자!"

예수 십자가를 보라

예수 십자가는 하나님의 선하심과 인자하심의 절정이라고

할 수 있습니다. 하나님의 모든 선하심과 인자하심이 십자가 안에 담겨 있습니다.

하나님께서는 십자가로 단번에 우리의 약함, 병고, 가난, 실패, 배신, 억울함, 죽음 등을 모두 선으로 바꾸어주셨습니다. 또한 하나님께서는 십자가로 우리의 불의, 추악, 탐욕, 악의, 시기, 살인, 분쟁, 거짓, 악독, 비방, 교만, 자랑, 배신, 음란, 간음, 등의 죄악들을 전부 용서해 주셨습니다.

십자가로 단번에 우리 죄를 도말하셨습니다. 그러므로 인생을 살다가 부끄럽고, 억울하고, 힘겨운 일이 있거든 예수 십자가를 보십시다. 거기 절대 포기하지 않는 하나님의 선하심과 인자하심이 있습니다. 십자가에 달리신 예수 그리스도, 그분께서 넓은 두 팔을 벌리시고 그 품에 안기도록 우리를 초청하십니다.

"수고하고 무거운 짐 진 자들아 다 내게로 오라 내가 너희를 쉬게 하리라 나는 마음이 온유하고 겸손하니 나의 멍에를 메고 내게 배우라 그리하면 너희 마음이 쉼을 얻으리니 이는 내 멍에는 쉽고 내 짐은 가벼움이라 하시니라"(마 11:28-30)

우리의 인생은 이미 셀 수 없는 하나님의 선하심과 인자하심으로 가득합니다. 하나님께서는 십자가로 우리의 불행한 모든 것들을 전화위복(轉禍爲福)으로 바꾸어주셨습니다.

그러므로 이제는 예수님께 입을 열고, 마음을 다해 사랑을 고백합시다. 감사합시다. 예수 이름으로 무엇이든 기도합시다. 그러면 마침내 당신의 인생도 세상 무엇에 요동하지 않고 굳건하게 될 것입니다.

"내 평생에 선하심과 인자심이 정녕 나를 따르리니"(6절)

12

교회, 세상에서 뵈옵는 주의 얼굴이다

"내가 여호와의 집에 영원히 살리로다"

미련해보이나 지혜로운 인생

바쁘고 할 일 많은 세상에서 예수님을 믿는다는 것은 참으로 답답하고 어리석은 일처럼 보입니다. 일요일뿐만 아니라 수요일, 금요일, 심지어 새벽과 토요일까지 교회를 들락날락하며 시간과 재물을 쓰고 다니니 예수님을 믿지 않는 사람들로선 도저히 이해할 수 없는 노릇이겠지요.

제가 잘 아는 장로님의 이야기입니다.

장로님은 졸업 후에 대학교 동기와 우연찮게 같은 직종의 자영업을 시작하게 되었습니다. 그런데 젊을 적부터 크리스천이었던 장로님은 신앙생활을 위해 자연스럽게 주일엔 쉬고, 수요일 저녁도 일찍 퇴근하고, 공휴일에도 교회에서 이런저런 봉사를 하느라고 문을 닫는 날이 많았습니다. 이런 장로님의 모습을 보면서 대학교 동기는 빈정대었습니다.

"그래서 사업이 되겠냐?"

이렇게 이십여 년의 세월이 흐른 어느 날, 친구는 장로님을 보며 이렇게 말하게 되었다고 합니다.

"참으로 이상하네. 자네는 쉴 것 다 쉬고, 놀 것 다 놀면서 일해도 나보다 더 부유하고, 몸도 더 건강하고, 가정도 더 화목하고, 인품도 더 훌륭하니 참으로 부럽네. 그동안 내가 참 미련하게 살았네. 이제라도 교회 다녀야 할까 봐."

그 이야기를 하는 장로님의 얼굴에 미소가 번져 있었습니다. 이십 년 만에 기도가 응답되었다며 좋아하셨지요.

이처럼 얼핏 세상의 안목으로 볼 때는 교회 다니는 것이 미련한 일처럼 보이지만, 그러나 예수를 믿는 자들에게는 세상이 알 수 없는 신비한 은혜가 임하게 됩니다.

그래서 시편 시인은 교회에서 경험되는 은혜를 다음과 같이 노래했습니다.

"주의 궁정에서의 한 날이 다른 곳에서의 천 날보다 나은

즉 악인의 장막에 사는 것보다 내 하나님의 성전 문지기로 있는 것이 좋사오니 여호와 하나님은 해요 방패이시라 여호와께서 은혜와 영화를 주시며 정직하게 행하는 자에게 좋은 것을 아끼지 아니하실 것임이니이다"(시 84:10-11)

성전 신앙과 교회 신앙

다윗은 지나온 자신의 생애를 돌이켜 보며 가난, 위험, 배신, 모욕, 억울함 등 숱한 고난 중에도 여호와 하나님께서 목자 되어주셔서 부족함 없이 넉넉한 인생을 살았음에 감격합니다.

그런데 우리는 크신 하나님 은혜에 대한 다윗의 마지막 결단이 무엇인지 눈여겨볼 필요가 있습니다.

"내가 여호와의 집에 영원히 살리로다"(6절)

좀 의외입니다. 일반적으로 우리가 생각하기에 하나님을 믿는 사람이 비할 데 없는 큰 은혜를 받았다면 이렇게 결단해야 할 것 같습니다.

"내가 이제는 생명을 바쳐 주를 섬기겠습니다."

"내가 평생 동안 가난한 이웃을 위해 살겠습니다."

그러나 다윗의 결단은 그렇지 않았습니다. 그저 여호와의 집에 영원히 살겠다고 했습니다. 그는 왜 평생토록 여호와의 집에 거하겠다고 결단하는 것일까요? 그에게 성전이란 다름 아닌 하나님을 만나는 주의 집이었기 때문입니다. 그는 무엇보다 성전에 대한 신앙이 분명했습니다.

오늘도 마찬가지입니다. 우리가 교회를 사모해야 하는 이유는 교회의 무엇(건물, 재정, 인원, 프로그램 등) 때문이 아니라 교회 공동체를 통하여 세상 어느 곳보다 더 가까이 하나님을 만날 수 있기 때문입니다.

물론 하나님은 교회에만 계시지 않습니다. 하나님은 창조주이자 우주만물의 주관자로 하늘과 땅 어디든지 편만하게 계실 수 있습니다. 그러나 동시에 하나님께서는 구약시대에는 성전에, 신약시대에는 교회 공동체에 하나님 임재에 대한 특별한 약속을 하셨습니다.

성경의 두 곳을 그 예로 들어봅니다.

먼저, 구약에서 성전을 완공했던 솔로몬은 성전을 두고 이렇게 기도드렸습니다.

"주께서 전에 말씀하시기를 내 이름을 거기에 두리라 하신 곳 이 성전을 향하여 주의 눈이 주야로 보시오며 종이 이곳을 향하여 비는 기도를 들으시옵소서 주의 종과 주의 백성 이스라엘이 이곳을 향하여 기도할 때에 주는 그 간구함을 들

으시되 주께서 계신 곳 하늘에서 들으시고 들으시사 사하여
주옵소서"(대하 6:20-21)

또한 신약에서 사도 바울이 교회에 대해 이렇게 고백했습
니다.

"교회는 그의 몸이니 만물 안에서 만물을 충만케 하시는
이의 충만이니라"(엡 1:23)

이처럼 하나님께서는 어디나 계신 동시에 그분의 백성이
하나님의 살아계심을 가장 잘 경험할 수 있는 한 곳을 정해
놓으셨습니다. 그곳이 구약시대에는 성전이요, 오늘날에는
교회 공동체입니다.

그래서 신학자 하워드 스나이더(Howard Snyder)도 교회를 가
리켜 "이 시대에 하나님의 다스림이 드러나는 일차적인 장이
다"라고 선언한 것입니다.

그러므로 교회를 이렇게 정의하고 싶습니다.

"교회는 세상에서 뵈옵는 하나님의 얼굴이다!"

교회에서 누리는 신비한 행복

교회는 하나님의 얼굴을 뵈옵는 주의 집이자 주의 신비한
축복을 경험하는 공동체입니다. 하루는 교회 소그룹에 참석

한 교우들과 함께 대화하던 중에 교회에 온 지 얼마 안 되는 새가족이 새벽기도회에 참석해서 누렸던 감동적인 이야기를 듣게 되었습니다.

"이전에 하나님은 무서운 분이셨어요. 책망하고 벌주시는 엄한 모습이셨죠. 그래서 주일 예배도 안 나가면 벌받을까봐 무서워서 나갔어요. 그런데 이번 새벽기도회를 통해 하나님이 사랑이심을 알게 되었어요. 언제나 내 안에 계시며 나와 사랑의 친밀함을 누리기 원하신다는 것을 배웠습니다. 이제 기도 시간이 즐거워졌어요. 먼저 주님께 사랑을 고백하면서 기도하니까 이상하게도 내 안이 충만해요. 사랑을 받으니 행복하고 자신감이 생겼어요. 이제 예수님 한 분으로 충분하다는 말이 무슨 말인지 알겠어요."

행복에 겨워 눈물을 글썽이는 새가족을 보면서 저 역시 한없이 행복했습니다. 한편으로 교회를 오래 다니면서도 이 살아계신 하나님을 만나지 못하여 마지못해 교회에 다니는 많은 교우들이 생각나서 참 안타까웠습니다. 그들을 생각하면 할수록 눈물만 흘렀습니다.

그래서 하나님께 이 같은 고백을 나눌 수 있는 주의 백성이 교회에 많아지면 좋겠다고 기도드렸습니다.

"만군의 여호와여 주의 장막이 어찌 그리 사랑스러운지요

내 영혼이 여호와의 궁정을 사모하여 쇠약함이여 내 마음과
육체가 살아 계시는 하나님께 부르짖나이다"(시 84:1-2)

이처럼 교회에 생존하시는 하나님을 만나기만 하면 시편
23편에서 다윗이 말하는 신비한 은혜를 우리도 오늘 여기에
서 누리게 될 것입니다.

생존하시는 하나님을 만나기 위하여

그렇다면 어떻게 교회에서 생존하시는 하나님을 만날 수
있을까요? 다양한 방법이 있겠지만 세 가지만 다루어 봅니다.

• 교회에 자주 모여라!

최근 안타깝게도 교회의 갈등과 부조리를 보며 교회를 기
피하는 '가나안 교인'들이 더 늘고 있다고 합니다. 그럼에도
우리는 교회에 모이기를 힘써야 합니다. 무엇보다 교회가 세
상에서 하나님을 뵙는 약속의 집이기 때문입니다. 성경 역
시 우리에게 교회에 모이기를 힘쓰라고 권면합니다.

"모이기를 폐하는 어떤 사람들의 습관과 같이 하지 말
고 오직 권하여 그 날이 가까움을 볼수록 더욱 그리하자"(히
10:25)

교회에서 우리는 함께 예배하므로 그리스도의 충만을 경험합니다. 교회에서 우리는 함께 교제하므로 한 교회의 가족됨을 확인합니다. 교회에서 우리는 함께 봉사하므로 세상에 그리스도의 사랑을 실천합니다.

교회에서 우리는 함께 선교하므로 이 땅에 하나님의 나라를 세워갑니다. 교회에서 우리는 함께 소망하므로 다시 오실 그리스도를 기다립니다.

그래서 칼빈(Calvin)은 교회의 중요성을 다음과 같이 말했습니다.

"교회를 어머니같이 사랑하지 않는 자는 하나님을 아버지라고 부를 자격이 없다."

• 찬송으로 사랑을 고백하라!

찬송은 영감있는 곡조로 된 하나님을 향한 사랑의 고백입니다. 우리가 함께 찬송할 때 하나님의 깊은 임재와 충만을 경험할 수 있습니다.

우리가 찬송할 때 어둠의 세력이 떠나게 됩니다. 우리가 찬송할 때 근심, 걱정이 사라집니다. 우리가 찬송할 때 기쁨과 감사가 넘칩니다. 우리가 찬송할 때 전인적으로 강건하게 됩니다. 우리가 찬송할 때 세상을 이기는 새 힘을 얻습니다.

우리가 찬송할 때 신비한 임마누엘 기적을 보게 됩니다.

그야말로 우리에게 찬송은 매일의 순간마다 죽음에서 부활을 경험하는 놀라운 은혜의 통로가 되는 것입니다. 그래서 제가 아는 신앙인은 이렇게 고백합니다.

"하나님을 이 땅에 내려오시게 하는 것은 간단하다. 찬송을 부르면 된다. 하나님은 찬송 중에 거하시겠다고 약속하셨기 때문이다."

• 내 안의 십자가를 확인하라!

십자가는 무엇입니까? 바로 우리의 구원이 이루어진 은혜의 사건입니다. 그래서 십자가는 우리의 생명입니다. 우리의 자유이고 풍성입니다. 우리의 능력이고, 우리의 영생이고, 우리의 전부입니다. 그야말로 십자가 복음 안에 모든 것이 다 들어 있습니다.

"십자가의 도가 멸망하는 자들에게는 미련한 것이요 구원을 받는 우리에게는 하나님의 능력이라"(고전 1:18)

그러므로 우리 안에 십자가가 있으면 사는 것이고, 십자가가 없으면 살아있으나 죽은 것과 다름없습니다. 우리가 크리스천으로서 교회에 오는 것은 무엇보다 자신 안에 있는 십자가 복음을 확인하고, 다시 십자가 복음으로 충만하기 위함입니다.

세상 어디에도 십자가 복음으로 우리 영혼을 충전할 곳은 없습니다. 오직 교회가 십자가 복음을 전하는 곳이요, 십자가 복음을 듣는 곳이요, 십자가 복음을 자랑하는 곳입니다. 그리하여 이 십자가 복음을 듣고, 충만해지면 나를 철저히 부인하게 되어 비로소 그리스도의 제자로 살아갈 수 있게 됩니다.

날마다 십자가와 함께

미국 농구계의 큰 별로 불리는 존 우든(John Wooden) 감독은 늘 주머니에 작은 십자가를 넣고 다니는 것으로 유명합니다. 그 소식을 들은 무명의 농구선수가 그에게 다음과 같은 글을 보내 주었다고 합니다.

내 호주머니 속의 십자가 하나(A Cross in my Poket)

나는 주머니에 십자가를 하나 넣고 다닌다. 이 십자가는 어디에 있든지 내가 그리스도인이라는 단순한 사실을 기억 나게 한다.

이 작은 십자가에 어떤 주술적인 의미가 있는 것이 아니다. 행운을 비는 부적도 아니다. 모든 육체적인 위협으로부터 나를 지켜주는 것도 아니다. 또한 이것을 통해 내가 그리스도인인 것을 세상 사람들에게 알리고자 하는 것도 아니다. 이것은 단지 나와 주님의 약속일 뿐이다.

내가 동전이나 열쇠를 꺼내기 위해 주머니에 손을 넣을 때마다, 그 십자가는 주님이 나를 위해 치른 희생을 기억나게 한다. 날마다 내가 누리는 축복에 대해 감사하게 하며, 나의 모든 말과 행동에서 그분을 더 잘 섬기도록 노력해야 함을 깨닫게 한다.

또한 나의 주님을 알고 있고, 그분의 돌보심에 자신을 맡기는 모든 사람과 함께 누리는 평강과 위로를 날마다 기억하게 한다.

그래서 나는 십자가를 주머니에 넣고 다닌다. 그분께 삶을 맡기기만 하면, 그분이 나의 삶의 구세주가 되어주심을, 다른 누군가가 아닌 나 자신에게 상기시켜 주기 위해서이다.

이처럼 크리스천은 누구나 자기 십자가를 매일 확인해야 합니다. 십자가 앞에 날마다 자신을 비추어 보아야 합니다.

20세기 선지자로 불리는 에이든 토저(Aiden W. Tozer)는 십자가가 "신자의 삶을 철저히 간섭한다"고 지적했습니다. 매일의 일상에서 십자가의 삶이 뚜렷이 새겨지지 않으면 그는 신자, 즉 크리스천이 아니라는 뜻입니다.

물론 쉬운 일은 아닙니다. 저 역시 목회자로 십자가를 지며 산다는 것이 얼마나 어려운지 모릅니다.

매주 기본으로 설교 다섯 편은 준비해야 합니다. 또 그 설교를 잘해야 합니다. 설교뿐만 아니라 상담도 잘해야 합니다. 리더십도 있어야 합니다. 성령 은사도 있어야 합니다. 성품도 좋아야 합니다. 교우들 편애하지 않고 두루두루 살펴야 합니다. 만나고 싶지 않은 사람을 먼저 찾아가서 만나야 합니다.

당연히 전인적으로 건강해야 합니다. 늘 먼저 교회 형편을 생각하고, 자족하고, 검소하게 살아야 합니다. 기도도 모범을 보여야 합니다. 전도도 앞장서야 합니다.

교회가 큰일을 할 때 먼저 헌신해야 합니다. 가정이 평안하고, 자녀들도 적당히 잘되어야 합니다. 너무 잘나가도 안 되고, 너무 못 해도 안 됩니다. 그리고 지나 다니면서 인사도 잘해야 합니다. 마지막으로 교회도 성장 부흥시켜야 합니다.

혹시 이 중 하나라도 부족하고, 누군가의 마음에 들지 않으면 그만 이런저런 흉을 듣게 됩니다. 저는 한다고 하지만 그런데도 반응이 좋지 않으면 당연히 인간적으로 속상하고 억울합니다.

그러나 그때마다 성전으로 달려갑니다. 찬양과 기도로 하나님께 나아갑니다. 그리고 성전에 걸린 십자가를 바라보며 다시금 제 안의 십자가를 확인합니다.

이렇게 교회에서 생존하시는 하나님을 만나게 되면 다시 새로운 힘을 얻을 수 있습니다. 십자가 복음의 은혜가 제 안에 있으니 이제는 나를 부인하고, 날마다 나의 십자가를 지고, 무엇이든 주님을 따를 수 있게 되는 것입니다.

교회는 우리 모두에게 열려 있습니다. 그러니 망설이지 말고 어려울수록 교회에 나와 기도합시다. 나와서 하나님을 찬양합시다. 십자가를 보며 내 안의 십자가를 날마다 확인합시다.

마침내 생존하시는 하나님으로 충만케 되어 시편 23편의 신비한 은혜가 우리에게도 임하게 될 것입니다.

"내가 여호와의 집에 영원히 살리로다"(6절)

13

본향, 순례자의 영원한 고향이다

"내 평생에 선하심과 인자하심이 반드시 나를 따르리니
내가 여호와의 집에 영원히 살리로다"

그 다음은?

프랑스 파리의 수도원 입구에 세워진 돌비석에는 이런 문장이 새겨져 있다고 합니다.

"aprés cela, aprés cela, aprés cela(아쁘레 셀라, 아쁘레 셀라, 아쁘레 셀라)"

무슨 뜻일까요? 바로 "그 다음은, 그 다음은, 그 다음은"입니다. 이 문장이 새겨진 유래는 다음과 같습니다.

오래 전, 법과대학에 다니던 한 청년이 있었습니다. 그는 가정 형편이 어려워서 마지막 등록금을 낼 수 없었는데, 혹시나 하는 마음에 신부님을 찾아가 도움을 요청하기로 했습니다.

청년의 이야기를 들은 신부님은 교인이 좋은 일에 써달라고 기부했다며 청년에게 그 돈을 건네주었지요. 청년은 신부님께 감사드리고 집에 돌아가기 위해 문으로 향했습니다.

바로 그때 신부님이 청년에게 물었습니다.

"자네, 그거 가지고 뭘 할 건가?"

"등록금을 내야지요."

"그 다음은?"

"열심히 공부해야지요."

"그 다음은?"

"졸업해야지요."

"그 다음은?"

"변호사가 되어 억울한 사람들을 위해서 의로운 변호를 하겠습니다."

"좋은 생각이구만, 그 다음은?"

"돈을 좀 더 벌겠습니다."

"그 다음은?"

"장가를 가겠습니다."

"그 다음은?"

"……."

심상치 않은 질문에 청년은 더 이상 대답을 할 수 없었습니다. 그러자 신부님이 웃으며 말했습니다.

"그 다음은 내가 말해주지. 죽어야 되네. 그 다음은 하나님의 심판대 앞에 서게 될 것일세. 알겠는가?"

그날 이후 청년의 내면에는 계속 이 질문이 떠나지 않았습니다.

"그 다음은, 그 다음은, 그 다음은?"

그래서 한평생 이 질문에 대한 해답을 찾으며 살았고, 그의 마지막 묘비명이 되었던 것입니다.

우리가 어떤 상황에서도 평안을 누리며 긍지를 가지고 살아가려면 적어도 인생의 세 가지 물음에 대한 분명한 해답이 있어야 합니다. 그것은 죄책, 존재 목적, 그리고 죽음에 대한 해답입니다.

어떻습니까? 당신은 '그 다음'에 대한 분명한 해답이 있습니까? 혹시 지금 모든 것이 마음먹은 대로 잘되어가고 있습니까? 그렇다면 그 다음은 어떻게 될까요? 혹시 지금 모든 것이 어려움 중에 있습니까? 그렇다면 그 다음은 어떻게 될까요?

오늘 현실이 어떠하든 인생의 근원적 문제에 대한 해답 곧 죄책, 존재 목적, 죽음에 대한 해답을 갖고 산다면 그는 참된 승리자이며 행복자입니다.

인생의 근원적 문제에 답하다

시편 23편은 이 인생의 근원적인 물음에 대하여 분명한 해답을 제시합니다.

• 죄책의 문제에 대해 답합니다.

"내 영혼을 소생시키시고 자기 이름을 위하여 의의 길로 인도하시는도다"(3절)

하나님께서는 우리의 죄를 사하시고, 다시 소생시키셔서 자기 이름을 위하여 살게 하십니다. 그 이름이 바로 예수 그리스도입니다. 그리하여 이제 우리를 세상과는 다른 삶, 의의 길로 인도하십니다.

• 존재 목적에 대해 답합니다.

"주께서 내 원수의 목전에서 내게 상을 차려 주시고 기름을 내 머리에 부으셨으니 내 잔이 넘치나이다"(5절)

무슨 일이 있더라도 주께서 나와 함께 하시기에 넉넉할 수 있습니다. 주께서 나를 성찬의 식탁으로 초대하시고, 성령으로 풍성하게 하십니다. 인생을 충만하고 행복하게 살아가는 것입니다.

- 죽음에 대한 분명한 해답도 있습니다.

"내 평생에 선하심과 인자하심이 반드시 나를 따르리니 내가 여호와의 집에 영원히 살리로다"(6절)

여기에서 다윗이 말한 여호와의 집은 우리에게 이중적인 의미를 지니고 있습니다. 하나는 세상에서 뵈옵는 주의 얼굴인 교회(성전)를 의미하고, 또 다른 하나는 본향, 곧 순례자로 살아가는 인생이 마침내 돌아가야 할 영원한 고향을 의미합니다.

아버지의 집을 사모하는 사람들

우리 크리스천은 순례자입니다. 순례자는 가야 할 곳, 목적지가 분명한 자들입니다. 만약 목적지가 분명하지 않다면 그것은 순례가 아니라 방황이요 방랑입니다.

미국 사회에 가장 영향력이 있는 목회자 중 한 사람인 웨인 코데이로(Wayne Cordeiro)는 그의 책 『세상을 가슴 뛰게 할 교회』에서 다음과 같이 경고한 바 있습니다.

"순례자가 정착민이 되면, 그 순간 수단이 목적으로 변하
게 된다."

그의 말대로 우리는 순례자로 살며 이 땅의 것들을 수단으
로 여기고, 선용하여 거기에 메이지 말아야 합니다. 집착하
지 말아야 합니다. 왜냐하면 잠시 세상에 살다가 본향, 곧 아
버지의 집(천국)으로 돌아가기 때문입니다.

예수님께서도 우리가 돌아가야 할 아버지의 집에 대해 분
명하게 말씀하셨습니다.

"너희는 마음에 근심하지 말라 하나님을 믿으니 또 나를
믿으라 내 아버지 집에 거할 곳이 많도다 그렇지 않으면 너
희에게 일렀으리라 내가 너희를 위하여 거처를 예비하러 가
노니 가서 너희를 위하여 거처를 예비하면 내가 다시 와서
너희를 내게로 영접하여 나 있는 곳에 너희도 있게 하리라"
(요 14:1-3)

어려운 시절을 보냈던 우리 믿음의 선조들은 이러한 순례
자 신앙을 잘 간직하며 살았습니다. 어릴 적에 할머니만 봐도
그렇습니다.

그 시절 저희 집은 참 가난했습니다. 당시 할머니는 생계의
보탬을 위해 산천으로 나물을 캐러 다니셨는데 그것을 팔아

얼마간의 수입이 생기면 반드시 십일조부터 하시고, 그 다음으로 장손인 저에게 용돈을 주셨습니다.

우리 집안에서 가장 먼저 예수님을 믿으셨던 할머니의 기쁨은 교회에 가는 것이었습니다. 교회가 한 시간 이상 걸어가야 할 정도로 먼 곳이었는데도 할머니는 교회에서 예배하고 헌금 드리는 것을 최고의 낙으로 삼으셨습니다.

할머니는 언제나 새벽기도회 시간에 맞춰 일어나서서 제 머리맡에서 찬송을 부르셨습니다. 겨우 한글을 깨치셔서 음률도 가사도 제대로 맞지 않은 찬송이었지만 부르고 또 부르셨습니다. 어린 나이에 새벽잠을 깨우는 할머니의 찬송 소리가 얼마나 귀찮았는지 타박도 많이 했습니다.

할머니께서 자주 부르시던 찬송이 몇 곡 있는데 그 중에 대표곡을 꼽자면 '저 높은 곳을 향하여'입니다. 이 찬송은 가사가 길어 5절까지 있는데도 할머니는 이 찬송을 하염없이 부르셨습니다. 특히 5절에 이르면 할머니의 목소리가 더욱 힘차고, 확신에 차오름을 느낄 수 있었습니다.

내 주를 따라 올라가 저 높은 곳에 우뚝 서

영원한 복락 누리며 즐거운 노래 부르리

내 주여 내 발 붙드사 그곳에 있게 하소서

그곳은 빛과 사랑이 언제나 넘치옵니다.

—찬송가 491장

이렇듯 할머니는 교회를 사랑하셨고, 또 천국을 사모하셨습니다. 그리고 인생 마지막 임종의 순간에 이르러 그토록 바라던 천국을 바라보시며 우리에게 말씀하셨습니다.

"얘들아, 내가 천국에 가서도 너희를 위하여 기도하마."

이것이 바로 우리 믿음의 선조들이 가졌던 순례자 신앙입니다. 그렇다면 오늘 우리는 순례자의 신앙입니까, 아니면 방랑자의 신앙입니까?

히브리서의 저자는 우리가 순례자임을 다음과 같이 말씀합니다.

"이 사람들은 다 믿음을 따라 죽었으며 약속을 받지 못하였으되 그것들을 멀리서 보고 환영하며 또 땅에서는 외국인과 나그네임을 증언하였으니 그들이 이같이 말하는 것은 자기들이 본향 찾는 자임을 나타냄이라 그들이 이제는 더 나은 본향을 사모하니 곧 하늘에 있는 것이라 이러므로 하나님이 그들의 하나님이라 일컬음 받으심을 부끄러워하지 아니하시고 그들을 위하여 한 성을 예비하셨느니라"(히 11:13-14, 16)

물론 그렇다고 천국만 보며 아무것도 하지 말라는 이야기는 아닙니다. 우리는 종국에 돌아갈 아버지의 집을 바라보며 여전히 순례자로서 험난한 이 세상을 헤쳐가야 합니다.

그런데 감사하게도 우리는 이 땅의 순례자로 험난한 길을 가는 동안 외로이 홀로 가지 않습니다. 이 땅에도 하나님께서 예비하신 주의 집이 있습니다. 바로 교회입니다.

교회는 하나님의 백성이자 동시에 순례 공동체입니다. 그러므로 우리 순례자들은 교회에서 늘 세 가지를 얻어야 합니다.

• 예배를 통해 전인적 평안을 얻어야 합니다.

예배는 하나님 임재의 통로입니다. 순례 공동체가 함께 모여 예배드릴 때 세상에서 살아갈 더욱 강건한 힘을 얻게 됩니다.

"내 영혼아 여호와를 송축하며 그의 모든 은택을 잊지 말지어다 그가 네 모든 죄악을 사하시며 네 모든 병을 고치시며 네 생명을 파멸에서 속량하시고 인자와 긍휼로 관을 씌우시며 좋은 것으로 네 소원을 만족하게 하사 네 청춘을 독수리 같이 새롭게 하시는도다"(시 103:2-5)

• 목사를 통해 신앙적 훈련을 받아야 합니다.

성도가 천국으로 향하는 순례자이고, 교회가 천국 순례자를 위한 쉼터라면, 목사는 그 쉼터를 위탁 관리하는 청지기입니다. 목사는 천성을 향해 가는 전문적 지식과 경험을 가지고 순례자들을 돕는 역할을 하기 때문입니다. 목사의 신앙 지도를 겸손히 잘 받아야 함께 가는 천국 여정에 도움을 얻을 수 있습니다.

"가르침을 받는 자는 말씀을 가르치는 자와 모든 좋은 것을 함께 하라"(갈 6:6)

• 교제를 통해 친밀한 동행을 배워야 합니다.

'멀리 가려면 친구와 함께 가라'는 속담이 있습니다. 우리에게 좋은 친구란 자기 고집을 내세우지 않고, 얼른 주의 뜻에 순종하는 사람입니다.

그렇다면 좋은 친구를 구하지 말고, 먼저 당신이 함께 여행할 만한 좋은 친구가 되어 보는 것은 어떨까요? 그러려면 교회 안에서 특히 '신뢰'라는 동행 윤리를 배우고 지켜야 합니다.

기도원을 방문한 적이 있습니다. 그때 마침 기도원에 무슨 일이 있는지 하루 세 끼를 무료로 배식하고 있었습니다. 그런데 3일 후에 보니 다시 원래대로 매식을 하는 것입니다. 그러자 사람들이 3일 동안 공짜로 밥 먹은 것에는 감사하지 않으면서 이런저런 불평을 쏟아냈습니다.

저는 정확한 이유를 알아내어 불평하는 분들에게 설명해 주고 싶어 배식하는 여직원에게 물어보았습니다. 그랬더니 놀랍게도 그녀는 이렇게 대답했습니다.

"저희들이 뭘 아나요. 원장 목사님께서 기도하고 결정하신 일이니 저희들이 할 일은 그저 순종할 뿐입니다."

그 말을 들으며 참 놀랐습니다. 마치 성경에 나오는 한 구절을 듣는 것 같았습니다. 이런 신뢰, 동행 윤리가 있으니 이 큰 기도원이 잘되는 것이라고 생각했습니다. 이 동행 윤리를 사도 바울은 이렇게 설명합니다.

"너희가 부르심을 받은 일에 합당하게 행하여 모든 겸손과 온유로 하고 오래 참음으로 사랑 가운데서 서로 용납하고 평안의 매는 줄로 성령이 하나 되게 하신 것을 힘써 지키라"(엡 4:1-3)

사막에서 천국을 걷다

이렇게 교회에서 전인적 평안을 얻고, 신앙적 훈련을 받으며, 친밀한 동행을 배운 순례자는 교회에만 머물지 않습니다. 각자 세상에 나아가 가정, 학교, 직장, 사업장에서 나름대로 순례의 길을 가야 합니다.

이런 천국 순례자에게 무엇보다 중요한 것은 눈이 열리는 것입니다. 눈이 열려 일상에서 나와 함께 하시는 그리스도를 보고 동행할 수 있어야 합니다.

누가복음 24장을 보면 엠마오로 가는 두 제자의 이야기가 나옵니다. 그들은 부활하신 예수님과 동행하였으나 그들의 '눈이 가리어져서' 예수님을 알아보지 못하고 도리어 슬픔 가운데 걸었습니다.

그러나 주님과 함께 만찬을 나누며 '눈이 밝아지자' 부활하신 예수님과의 동행을 깨닫게 되었습니다. 비로소 그들의 마음이 뜨거워져 주님이 보이지 않음에도 주님과 동행하게 된 것입니다.

이처럼 눈이 뜨였다는 것은 일상에서 예수 그리스도를 발견하고, 일상에서 예수 그리스도와 동행하는 것입니다. 그러면 우리의 현실이 어떠하든 예수님과 함께 즐겨 순례의 길을 걸어갈 수 있습니다. 설혹 그곳이 지옥 같을지라도 천국이 되는 것입니다.

홍혁기 화가의 전시회 〈벌거벗은 순례자〉에서 그림 한 점

홍혁기 화가의 '벌거벗은 순례자'

을 보게 되었습니다. 그 그림의 배경에는 붉은 모래로 뒤덮인 뜨거운 사막이 한없이 펼쳐져 있습니다. 그 사막 한가운데 벌거벗은 아이가 예수님과 함께 나란히 걷고 있습니다. 이글거리는 태양과 지글지글 끓는 모래에 아이는 심히 고통스러울 것입니다.

"모든 크리스천은 벌거벗은 순례자입니다"라고 말하는 작가의 설명에서 알 수 있듯이 벌거벗은 아이는 하나님 앞에서 무엇 하나 감출 수 없는 나약한 우리 크리스천의 모습을 보여줍니다.

그런데 아이러니하게도 이 그림의 제목이 '사막에서 천국을 걷다'입니다. 왜 이런 제목을 붙였을까요? 이 작품과 함께 쓰여진 시를 읽으면 더욱 소상히 알 수 있습니다.

낮에는 지글지글 끓는다

밤에는 뼛속까지 춥다

예고 없이 불뱀과 전갈이 나타난다

수시로 모래바람이 휘몰아친다

자칫하면 모래수렁에 발이 빠진다

사막은 지옥이다

그럼에도 불구하고 사막은 천국이다

낮의 해가 상하지 않게 하시고

밤의 달도 해치지 않게 하시며

졸지도 아니하시고 주무시지도 아니하시며

주님이 지켜 보호하시는 천국이다

내가 사막을 걸어야 하는 까닭은

사막을 통과하며

주님을 알아가고 나를 알아가며

불순물이 빠져나가고

정금같이 되기 위함이다

오늘도 사막에서 천국을 걷는다.

─ 홍혁기의 시, 사막에서 천국을 걷다

그림을 자세히 들여다보면 벌거벗은 아이는 지글지글 끓는 모래와 뜨거운 열풍에도 불구하고 한없이 평온하고 생기 있어 보입니다.

아무 힘이 없는 어린 아이일지라도, 또 사막같이 고달픈 인생길일지라도, 예수님이 동행하시니 그 가는 길이 천국과 같이 평안과 행복으로 가득한 것입니다.

그림(219쪽)을 좀 더 자세히 보면 저 멀리 여우 한 마리가 두 사람을 뒤따르고 있습니다. 이는 호시탐탐 주님과의 동행을 방해하려고 기다리는 사단을 상징합니다.

우리는 늘 깨어 예수님과 동행해야 합니다. 눈이 뜨여 예수님을 바라보고, 그분과 함께 순례길을 가야 합니다.

비록 오늘의 삶이 뜨겁고 고통스런 사막과 같을지라도 당신의 눈이 뜨여 천국을 향해 걸어가는 넉넉한 순례의 길이 되기를 축복합니다.

"내 평생에 선하심과 인자하심이 반드시 나를 따르리니 내가 여호와의 집에 영원히 살리로다"(6절)

충만, 부족하지만 차고 넘치다

"여호와는 나의 목자시니 내게 부족함이 없습니다"
"내 잔이 넘치나이다"

예수님 한 분으로 충분합니까?

주일 아침, 예배의 대표기도를 맡은 성도님이 강단에서 울먹이며 기도했습니다.

"하나님 아버지, 우리가 말로는 예수님 한 분으로 충분하다고 고백하면서도 실제로는 예수님 한 분으로 만족하지 못했습니다. 자백하오니 우리를 긍휼히 여겨주시고, 용서하여 주옵소서."

어쩌면 이것이 우리의 현 주소가 아닐까 싶습니다. 말로는 고백하지만, 예배 때는 그런 줄 알지만 실제로 살다보니 그것이 쉽지 않음을 깨닫는 것입니다. 그래서 제가 "예수님 한 분으로 충분하자, 행복하자”고 말하면 이런 답변들이 심심치 않게 들려옵니다.

“목사님, 현실은 그렇지 않아요.”

“지금 상황이 여의치 않아요.”

그렇다면 이제 물어보고 싶습니다. 진정 예수님 한 분으로 충분하십니까? 당신에게는 이 질문이 어떤 의미로 다가옵니까? 아마도 오늘을 사는 크리스천에게는 이 네 가지 중 하나의 의미로 다가올 것입니다.

- 그저 하나의 ‘구호’이다.
- 단순히 알고 있는 신앙적 ‘지식’이다.
- 그렇게 되기를 소망하는 ‘기대’이다.
- 자주 체험하는 임마누엘의 ‘경험’이다.

구호, 지식, 기대, 경험, 위의 네 가지 중 당신은 어디에 해당합니까? 다윗은 사랑하는 이들의 미움과 배신으로 인해 오랜 세월 도망자로 살았고, 온통 부족하고 억울한 일들뿐이었지만 그럼에도 지난 세월을 돌아보며 이렇게 고백했습니다.

“여호와는 나의 목자시니 내게 부족함이 없습니다! 내 잔이 넘칩니다!”

어떻게 그는 온통 부족한 환경 속에서도 충분함을 누릴 수 있었을까요? 그것은 이미 살펴본 대로 오직 한 가지 이유 때문입니다. 바로 여호와 하나님과의 바른 관계로부터 오는 충분입니다.

이 충분은 하나님과의 친밀한 관계 속에서 나는 그분의 양 그분은 나의 목자, 나는 그분의 자녀 그분은 나의 아버지가 될 때에 누릴 수 있는 '존재의 충만감'입니다(요 6:35).

내 형편과 상황은 아직 어려워도 여전히 하나님께서 나와 함께 해주신다는 임마누엘 믿음으로 인해 충분하고, 넉넉하고, 행복한 것입니다.

예수, 그분은 누구십니까? 예수는 그리스도이십니다. 여기서 그리스도란 '죄와 죽음의 문제를 비롯하여 인생의 모든 문제를 해결하시는 구원자(마 1:23)'라는 뜻을 가지고 있습니다. 이로 인해 예수를 그리스도로 믿고 따르는 자는 존재의 충분을 넘어 실제로 일상 속에서 하나님의 임재로 인한 시편 23편 3-5절과 같은 임마누엘의 은혜를 경험하게 되는 것입니다.

안 되는 것이 더 잘되는 은혜

사도행전에는 불행이 끊이지 않았던 한 사람의 이야기가 나옵니다(행 27:1-28:10). 바로 사도 바울입니다. 그런데 역설적으로 그의 불행했던 선교여행을 보면 임마누엘로 인한 충분이 어떤 것인지 더욱 분명히 알게 됩니다.

하루는 사도 바울이 죄인의 몸이 되어 로마로 압송을 당하게 되었습니다. 그 과정 중에 배를 타고 가다가 '유라굴로'라고 불리는 큰 광풍을 만났습니다. 배는 파선되었습니다. 그는 겨우 널조각을 의지하여 멜리데 섬에 도착했습니다.

우연히 도착한 섬에서 복음을 전하던 중에 그는 독사에게 물리고 말았습니다. 설상가상으로 섬 마을의 추장 아버지가 열병에 걸리게 되었습니다. 꼬리에 꼬리를 물고 안 되는 일만 계속 일어났습니다.

그런데 놀라운 사실은 임마누엘 은혜가 임하자 이처럼 안 되는 일들이 오히려 더 잘되는 일이 되었다는 것입니다.

풍랑으로 죽을 위기에 처한 것이 더 잘되었습니다. 배 안의 사람들에게 살아계신 하나님을 전하는 기회가 되었기 때문입니다.

독사에게 물린 것이 더 잘되었습니다. 그 일로 도리어 사도의 영적권위가 더욱 커졌기 때문입니다.

추장의 아버지가 열병에 걸린 것이 더 잘되었습니다.

신유의 은혜로 추장의 아버지뿐만 아니라 온 섬의 환자들이 다 고침을 받았기 때문입니다.

배가 완전 파산되고 다 잃어버린 것이 더 잘되었습니다. 그 섬의 주민들로부터 후한 예물과 배를 선물로 받았기 때문입니다.

결국 큰 풍랑을 만나 앞길 막힌 것이 더 잘되었습니다. 그 섬에 삼 개월이나 머물면서 복음을 전해 온 섬이 복음화되었고, 후에 아프리카 선교의 가교 역할을 하게 되었기 때문입니다.

저의 삶을 돌아보아도 임마누엘 은혜로 인하여 안 되는 일이 도리어 더 잘되었던 적이 참 많습니다. 당장에는 불행한 일 같아 보여도, 주님께서 그것을 다시금 선한 열매로 바꾸어주신 것입니다.

하나님께서는 저를 한번도 실망시킨 적이 없으십니다. 저는 언제나 예수님 한 분으로 충분했습니다. 이 임마누엘 구원의 은혜를 앤드류 머레이(Andrew Murray)는 한 잡지에서 다음과 같이 설명했습니다.'

"우리 하나님은 '불가능'을 전문으로 다루시는 하나님이시다. 그분에게는 '너무 늦었다'라는 게 없다. 한 가지 불가능한 일을 그분 앞으로, 완전한 믿음으로 가져 가기만 하면 언제나 방법이 생긴다. 생활에서, 환경에서 많은 '불가능'은 다 하나님으로 하여금 영광을 얻게 하기 위해서이다.

우리가 이전의 생활에서 반항이나 불신, 죄악이나 불행이 있었어도 기꺼이 참으로 항복하고 믿기만 하면, 하나님은 결코 너무 '늦었다'라고 말씀하지 않을 것이다. …우리가 환경과 자기 자신을 완전한 믿음으로 하나님의 손 안에 맡길 때, 그분은 반드시 우리가 이전에 실패한 그 햇수를 보상하실 것이다. …우리 하나님은 죄 사함의 하나님이시요, 치료의 하나님이시요, 보상의 하나님이시요, 모든 은혜의 하나님(벧전 5:10)이시다. 우리는 하나님을 찬양하고, 그분을 신뢰하여야 한다!"

오늘도 예수님과 친밀한 동행을 하는 자는 얼마든지 안 되는 것이 도리어 더 잘되는 일로 변화되는 은혜를 경험하게 될 것입니다. 예수님이 진정 그리스도 임마누엘이시기 때문입니다.

앞에서 우리는 이런 인도를 받기 위해 절대로 금해야 할 다섯 가지에 대해서 살펴보았습니다.

- 판단하지 말라.
- 불평하지 말라.
- 두려워하지 말라.

- 안 된다고 하지 말라.
- 낙심하지 말라.

만일 사도 바울이 붙잡혔을 때, 풍랑을 만났을 때, 배가 난파되었을 때, 뱀에 물렸을 때, 추장이 열병에 걸렸을 때, 그때마다 판단하고, 불평하고, 낙심했다면 어찌되었을까요? 아마 하나님의 인도를 받지 못하고, 도중에 지쳐 쓰러져야 했을 것입니다.

그러므로 우리는 언제나 위의 다섯 가지를 주의하여 하나님의 인도를 바라보고, 따라가야 합니다. 만일 당신에게 이 다섯 가지 악습이 있다면 지금이라도 분별하여 버릴 것은 버리고, 잘못된 것은 회개해야 합니다.

엔드류 머레이가 말한 것처럼 "완전한 믿음으로 하나님의 손 안에 맡길 때" 안 되는 것 같아도 더 잘되는 임마누엘 은혜가 우리에게 나타나게 될 것입니다.

예수 십자가를 확인하라

그렇다면 우리는 자신도 모르게 치솟아 오르는 이런 악한 죄성들을 어떻게 다스릴 수 있을까요? 그것은 바로 내 안의 예수 십자가를 확인하는 방법밖에는 없습니다. 당신은 십자가를 바라볼 때 무엇을 생각하십니까? 도대체 십자가가 무엇이기에 우리는 날마다 십자가를 바라봐야 하는 것입니까? 우리는 십자가를 통해 언제나 세 가지를 확인해야 합니다.

• 대속의 십자가입니다.

십자가는 먼저 예수님께서 '우리 죄를 위하여' 우리 죄를 대신하여 죽으신 대속의 사건입니다.

"우리가 아직 죄인되었을 때에 그리스도께서 우리를 위하여 죽으심으로 하나님께서 우리에 대한 자기의 사랑을 확증하셨느니라"(롬 5:7)

십자가를 바라볼 때마다 우리가 확인해야 할 것은 자신이 죄인이라는 사실입니다. 오늘 우리가 많이 가졌음에도 불행해 하는 것은 스스로 자신을 높이기 때문입니다.

사람마다 자신이 정해 놓은 수준이 있어서 그 정도는 인정받고 살아야 하는데 그 수준에 도달하지 못하면 속상하고, 화나고, 스스로 불행해지고 맙니다. 그러나 십자가 앞에 서기만 하면 우리의 수준은 단번에 낮춰집니다. 십자가 앞에서 나는 죽을 수밖에 없는 죄인입니다. 한없이 비천한 자입니다.

이 사실을 깨닫고 믿으면 모든 것이 감사이고, 만족이고,

행복입니다. 혹여 지금 속상하고, 화나고, 불행하다고 생각되는 일이 있다면 먼저 십자가 앞에서 자신을 확인하십시오.

"나는 죽을 수밖에 없는 죄인입니다."

• 자아죽음의 십자가입니다.

십자가는 대속의 사건일 뿐 아니라, 십자가와 함께 우리의 자아가 죽는 실존적 사건입니다.

"이와 같이 너희도 너희 자신을 죄에 대하여 죽은 자요 그리스도 예수 안에서 살아있는 자로 여길지어다"(롬 6:11)

우리가 십자가 앞에서 죄인임을 인식함에도 불구하고, 우리 안에는 여전히 죄성이 남아 있습니다. 그래서 무슨 일만 생기면 금세 화나고, 속상하고, 욕하고, 탐욕적이고, 충동적이 되는 것입니다. 그럴 때마다 우리는 십자가 앞에서 자신의 죽음을 확인하고, 믿음으로 선언해야 합니다.

"나는 십자가와 함께 이미 죽었다."

판단, 불평, 두려움, 무례, 조급함이 충동질할 때마다 내가 십자가와 함께 이미 죽었음을 인정하고 선언하면 무엇이든 이겨낼 수 있습니다.

그래서 사도 바울도 이렇게 고백한 것입니다.

"나는 날마다 죽노라"(고전 15:31)

• 임마누엘의 십자가입니다.

내가 십자가와 함께 죽었음을 믿고 선언할 때 이제는 우리 안에 예수님이 거하시는 신비를 맛보게 됩니다.

"내가 그리스도와 함께 십자가에 못 박혔나니 그런즉 이제는 내가 사는 것이 아니요 오직 내 안에 그리스도가 사시는 것이라 이제 내가 육체가운데 사는 것은 나를 사랑하사 나를 위하여 자기 자신을 버리신 하나님의 아들을 믿는 믿음 안에서 사는 것이라"(갈 2:20)

그러므로 우리는 십자가를 바라보며 자신 안에 예수님이 계심을 믿고 느낄 수 있습니다. 이제는 무엇이든지 우리 안에 계시는 예수님께 묻고, 예수님처럼 기도로, 감사로, 사랑으로 행하게 됩니다. 그러면 내가 아니요, 내 안의 예수님께서 그 일을 행하시고 이루어 가심을 보게 되어 우리는 그저 매 순간 놀라게 될 것입니다.

어느 날 당회에서 장로님 간에 이견으로 서로 갈등이 발생하게 되었습니다. 그 일로 한 장로님은 마음이 상한 나머지 그만 시험에 들고 말았습니다.

그날 오후 그분은 문자 한 통을 보내셨습니다.

"더 이상 이 일에 관여하지 않겠습니다."

그래서 제가 다시 문자를 보냈습니다.

"장로님, 십자가를 바라보세요. 장로님에게 십자가는 어디 있습니까? 예수 십자가를 든든히 붙잡으셔야 합니다."

그러자 이틀 후에 그분으로부터 회신이 왔습니다.

"목사님, 죄송합니다. 제가 잠시 십자가를 잃어버렸습니다. 제 안에 십자가가 회복되었습니다. 다시 믿음으로 시작하겠습니다!"

십자가가 회복되니 자기를 부인하게 되었습니다. 또 서로를 존중하고 인정하니 안 되는 것이 도리어 더 잘된 일이 되었습니다. 모든 일이 예수님 한 분으로 넉넉해졌습니다. 이처럼 십자가 복음의 은혜는 참으로 신비한 능력이 있습니다. 우리는 그 은혜로 인하여 매 순간 이렇게 놀랄 뿐입니다.

"어, 기도한 대로 되네!"

만일 우리가 예수님을 믿으면서도 이런 하나님 인도하심의 신비에 놀라본 경험이 없다면 얼른 자신 안에 십자가가 있는지를 확인해야 합니다. 그리고 다시 십자가를 붙잡고 고백해야 합니다.

- "나는 죽을 수밖에 없는 죄인입니다!"(대속의 십자가)

- "나는 십자가와 함께 죽었습니다!"(자아죽음의 십자가)

- "내 안에 예수님이 사십니다!"(임마누엘의 십자가)

그리스도인이 해야 할 일

십자가 신앙은 언제나 기도와 밀접한 관계가 있습니다. 그래서 예수님은 십자가를 지시기 전, 제자들과 마지막 밤을 보내시며 무엇보다 그 이름, 예수님 이름으로 기도할 것을 강조하셨습니다.

"너희가 내 이름으로 무엇을 구하든지 내가 행하리니 이는 아버지로 하여금 아들로 말미암아 영광을 받으시게 하려 함이라"(요 14:13)

그렇다면 우리가 십자가를 잃어버리고 세상 사람들과 별반 다르지 않게 살아가는 것은 무엇 때문입니까? 조그만 어려움에도 금방 불평, 불만, 탐욕, 유혹에 빠지는 것은 무엇 때문입니까? 그것은 바로 말만 하고 기도하지 않기 때문입니다.

오늘 우리가 크게 실수하는 것이 있습니다. 크고 화려한 예배당이 즐비하고, 주를 믿는다는 자도 이렇게 많은데 정작 묵묵히 제자리에서 기도하는 사람은 적다는 것입니다.

기도해야 보혜사 성령이 임하시고, 기도해야 내 안에 십자가 은혜가 충만해지고, 기도해야 예수님 한 분으로 충분해지는데 불행하게도 기도에 힘쓰는 사람이 그리 많지 않습니다.

몇 년 전, 부모님과 제가 며칠을 함께 보낼 때 알게 된 사실이 있습니다. 놀랍게도 부모님은 은퇴한 후 오랜 시간이 지났는데도 여전히 새벽마다 일어나셔서 나라와 교회와 성도들을 위해 기도하고 계셨습니다. 생각나는 한 사람, 한 사람의 이름을 부르며 정성껏 기도하셨습니다. 저는 그 기도 소리를 들으며 죄송함과 고마움에 눈물을 흘렸습니다.

"아, 이만큼이라도 우리가 살게 되고 한국교회가 세워진 것은 이런 분들의 기도 덕분이구나!"

이렇게 감격하며 이제는 저도 이분들의 기도를 이어 가야겠다고 다짐했습니다.

그 후 저부터 기도에 힘쓰기 시작하니 점점 제 안에 십자가가 분명해졌습니다. 기도할수록 제가 더 큰 죄인임이 드러나고, 기도할수록 제가 이미 죽었음이 분명해지고, 기도할수록 제 안에 예수님께서 거하심을 확신하게 되었습니다.

저같이 부족한 이를 목회자로 사용하시다니 참으로 놀라운 은혜였습니다. 그리하여 십자가와 함께 죄도, 정욕도, 교회에 대한 근심 걱정도, 미래도 다 내려놓게 되었습니다.

이제는 '내가 아니라 내 안의 그리스도께서 나를 이끄실 것'이기에 무슨 일을 만나든지 합력하여 선이 될 줄 믿습니다. 저는 그저 주님이 일하심에 놀라기만 하면 되는 것입니다.

하나님께서 진정 우리에게 원하시는 것은 일(사역)이 아니라 기도입니다. 하나님께서는 사랑하는 자녀와 무엇보다 먼저 친밀한 기도의 교제를 나누기 원하십니다.

기도의 사람 E. M. 바운즈(E. M. Bounds)는 우리 그리스도인에게 있어 기도하는 일이 가장 자연스럽고 당연한 일이라며 이렇게 말했습니다.

"옷을 만드는 것은 재단사의 일이고 구두를 수선하는 것은 구두장이의 일이고 기도하는 것은 그리스도인의 일이다."

그래서 저도 남은 생애 기도하는 하나님 자녀로 살 것을 작정했습니다. 나의 소원, 나의 뜻이 아니라 하나님의 뜻을 구하며 주께 더 가까이 나아갈 때 우리는 날마다 임마누엘 십자가 은혜로 인하여 감사하고 감탄하게 될 것입니다.

마가렛 바버(Margaret E. Barber)는 시로 우리의 기도를 독려합니다.

믿음으로 기도하라, 은혜 보좌 앞에서
믿는 자는 응답받네, 보라 다 이루었다
믿음으로 기도하라, 주가 기도 듣는다
너의 기대 이상으로 주가 구원 베푼다
믿음으로 기도하라, 담대하게 굳세게
평강 기쁨 소망 갖고 두 손 들고 구하라

믿음으로 기도하라, 주 네 기도 기다려

믿음으로 나아갈 때 주님 기뻐하신다.

—마가렛 바버의 기도시

이처럼 우리가 믿음으로, 끊임없이, 예수 이름으로, 기도할 때 예수는 그리스도이심을 실제로 일상에서 보게 되고, 모든 일이 예수님 한 분으로 충분해질 것입니다.

"여호와는 나의 목자시니 내게 부족함이 없습니다!"

다시 십자가 앞에 서라!

"여호와는 나의 목자시니 내게 부족함이 없으리로다"(시 23:1)

이 충만한 행복의 노래는 단순한 기대가 아닙니다. 구호나 외침이 아닙니다. 사상이나 이념도 아닙니다. 주문이나 주술은 더더욱 아닙니다. 이 고백은 날마다 우리 크리스천이 누려야 할 현실이자 경험이며 실제입니다. 사실 우리 모든 사람이 이렇게 고백할 수 있어야 합니다.

"근심하는 자 같으나 항상 기뻐하고 가난한 자 같으나 많은 사람을 부요하게 하고 아무 것도 없는 자 같으나 모든 것을 가진 자로다"(고후 6:10)

탄식할 수밖에 없는 인생

물론 산다는 것은 결코 쉬운 일이 아닙니다. 세상은 우리가 충분하지 않다고 말하며, 실제로 우리 주변은 온통 부족함과 문제들 투성이입니다. 다윗의 표현을 빌자면 우리 인생 곳곳에 '사망의 음침한 골짜기'가 존재합니다. 그래서 우리는 마치 무엇인가를 더 가져야, 더 얻어야, 더 취해야, 더 이뤄야 행복할 것이라고 생각합니다.

그러나 정말 그렇다면 우리에게 하나님은 무슨 소용이며, 복음에는 무슨 의미가 있을까요? 다윗은 결코 그렇게 생각하지 않았습니다. 그는 상황, 환경, 관계를 넘어 여호와 하나님 한 분으로 만족하고, 넉넉하고, 행복할 줄 아는 사람이었습니다.

저 역시 살다보면 이런 믿음을 갖는 것이 얼마나 어려운지 뼈저리게 느낍니다. 이 책을 쓰는 동안에도 크고 작은 속상한 일들이 있었습니다. 마치 넓은 바다에 밀물이 밀려오듯, 그렇게 크고 작은 어려움들이 넘실거렸습니다. 그런 상황이 오면 힘겨워하고 근심합니다.

"아, 힘들다. 어렵다. 다 그만두고 싶다. 이제 끝이다."

이처럼 시도 때도 없이 밀려오는 크고 작은 어려움들로 인하여 탄식할 수밖에 없는 것이 인생살이입니다. 그러나 제가 다시금 회복하여 평안과 자유, 기쁨과 행복을 누릴 수 있는 것은 우리의 선한 목자 되신 예수 그리스도께서 함께 하시기 때문입니다. 만일 예수님께서 저와 함께 하시지 않는다면 저는 여지없이 무너져 크게 탄식하며 죽어갈 수밖에 없을 것입니다. 우리 인생을 행복하게 이끄시는 이는 오직 예수 그리스도 한 분밖에는 없습니다.

십자가 앞에 서는 은혜

예수님께서는 '십자가'에서 우리 인생의 모든 문제를 해결하셨습니다. 그리고 이를 통해 인생의 행복을 넘어 넘침의 은혜를 베풀어주십니다.

따라서 무엇이든지 오래 매이지 않고 얼른 믿음으로 십자가 앞에 서는 것이 은혜입니다. 십자가 앞에 선다는 것은 다음의 세 가지를 확인하는 것입니다.

- "나는 죽을 수밖에 없는 죄인입니다!"(대속의 십자가)
- "나는 십자가와 함께 죽었습니다!"(자아죽음의 십자가)
- "내 안에 예수님이 사십니다!"(임마누엘의 십자가)

이렇게 십자가 앞에 서면 비로소 세상이 알지 못하는 '예수로 인한 충분'의 은혜가 우리에게 임하게 됩니다.

첫째는 예수로 인한 '존재의 충분'입니다.

아직 현실은 변한 것이 없지만 내 안의 그리스도로 인해 존재가 충만해져 더 이상 세상 것에 연연하지 않고 목말라 하지 않게 됩니다. 속상함과 두려움은 떠나고, 내 안의 예수 그리스도로 인한 평안과 행복이 넘치게 되는 것입니다(요 6:35).

둘째는 예수로 인한 '자족의 충분'입니다.

이제 내 안에 그리스도가 계시니 무엇이든지 내 생각, 감정, 판단, 경험, 욕망에 좌우되지 않고, 먼저 주의 뜻과 주의 성품을 구하게 됩니다. 옳고 그름을 따져 시시비비를 가리기보다는 주의 뜻을 따라 생각하고 해석하게 됩니다.

그리하여 환경과 현실은 아직 나아진 것이 없고, 때로는 더 열악하고 곤고한 상황에 처하더라도 선한 주의 뜻이 있는 줄 알아 자족하며 감사하게 되고, 무엇이든지 여유롭고 넉넉하게 되는 것입니다(빌 4:11-12).

셋째로 예수로 인한 '임마누엘의 충분'입니다.

예수는 그리스도 임마누엘이시기에 실제로 내가 이를 믿고 고백하고 느끼고 대화할 때 이제 나는 모든 일을 기도로, 감사로, 사랑으로 행하게 됩니다.

그러면 이제는 내가 아니라 내 안의 그리스도께서 내 앞서 행하시어 사람이 볼 때에는 불행하고 어렵고 불가능한 일이지만 도리어 선한 일, 복된 일, 형통한 일이 되게 하십니다(롬 8:28).

날마다 죽는 연습이다

그런데 우리는 왜 여전히 이토록 쥐어짜며 살고 있는 것일까요? 왜 예수님 한 분으로 인한 행복을 누리지 못하는 것일까요?

그것은 바로 행복 이전에 먼저 '십자가 죽음의 삶'을 살지 않기 때문입니다. 오늘 교회가 세상으로부터 지탄받은 이유도 다름 아닌 행복함만 누리길 원하고, 먼저 십자가의 삶을 살아가지 않기 때문입니다.

행복보다 선행되어야 할 것이 바로 십자가 앞에 서는 것입니다. 대속의 십자가, 자아죽음의 십자가, 임마누엘의 십자가를 확인하는 것입니다. 예수님께서는 자신을 따르고자 하는 자들에게 엄중하게 말씀하셨습니다.

"누구든지 나를 따라오려거든 자기를 부인하고 자기 십자가를 지고 나를 따를 것이니라"(막 8:34)

문제는 우리 모두가 십자가에 죽어야 한다는 사실을 인정하면서도 실제로는 그렇게 살지 않는다는 것입니다. 십자가의 삶을 산다는 것이 너무나 막연하고, 또 구체적이지 않아 일상의 영역에서 도무지 체현(體現)되지 않습니다.

그러나 세상에 무엇이든 연습하지 않고는 되는 일이 없습니다. 사도 바울이 "나는 날마다 죽노라"(고전 15:31)라고 고백했던 것처럼 우리도 각자 자신을 살펴서 내가 매일 죽어야 할 것이 무엇인지를 찾고 날마다 연습해야 합니다.

사람마다 각자 성향과 기질에 따라 죽어야 하는 것이 다를 수 있습니다. 당신은 지금 무엇을 십자가에 못 박아야 합니까? 중요한 것은 자신이 지금 무엇 때문에 예수로 인한 행복을 누리지 못하는지 스스로 성찰하고, 실제로 날마다 십자가에 죽는 연습해야 한다는 것입니다.

요즘 제 안에 있는 세 가지 악습을 십자가에 못 박는 연습을 시작했습니다. 책상과 수첩에 적어두고 날마다 기도하며 목자되신 주님의 인도를 구합니다.

- 속상함 – 어떤 경우에도 속상하지 않고 평안을 누린다.
  "속상함으로부터 자유하여 언제든지 평안을 누리게 하소서!"
- 비판함 – 누구든지 비판하지 않고 존중하며 격려한다.
  "남을 비판하는 것으로부터 자유하여 언제든지 격려하

게 하소서!"

- 이기심 – 거짓과 탐욕을 버리고 진실하게 산다.

"이기심으로부터 자유하여 언제든지 진실하게 하소서!"

이렇듯 날마다 십자가 앞에 서게 되니 비로소 예수 믿는 재미가 생겼습니다. 여유가 생겼습니다. 무엇에도 넉넉하고 행복하게 되었습니다.

이처럼 자신이 날마다 십자가 죽음의 삶을 살아갈 때, 자연스레 예수로 인한 행복을 누리게 되고, 또 예수 신앙의 승리와 넉넉함이 드러나게 될 것입니다.

이제 책을 덮으며 마지막으로 물어보고 싶습니다.

"당신은 예수님 한 분으로 행복하십니까?"

예수님 한 분으로 행복하려면 먼저 절대 전제가 있어야 합니다. 날마다 십자가와 함께 죽어야 합니다. 그렇게 살아갈 때 당신도 비로소 환히 웃으며 고백할 수 있을 것입니다.

"그래요, 예수님 한 분으로 행복합니다!"

Q series 3 질문하는 행복

ⓒ 김석년

초판 1쇄 인쇄 | 2017년 6월 22일
초판 1쇄 발행 | 2017년 7월 4일

지은이 | 김석년
발행인 | 강영란

교정교열 | 권지연
디자인 | 윤정
마케팅 및 경영지원 | 이진호

펴낸곳 | 도서출판 샘솟는기쁨
주소 | 서울시 충무로 3가 59-9 예림빌딩 402호
전화 | 대표 (02)517-2045
         편집부 070-8119-3896
팩스 | (02)517-5125(주문)
이메일 | atfeel@hanmail.net

출판등록 | 2012년 6월 18일

ISBN 978-89-98003-56-2(04230)
         978-89-98003-49-4(set)

「이 도서의 국립중앙도서관 출판예정도서목록(CIP)은 서지정보유통지원시스템 홈페이지(http://seoji.nl.go.kr)와
국가자료공동목록시스템(http://www.nl.go.kr/kolisnet)에서 이용하실 수 있습니다.(CIP제어번호: CIP2017013658)」